谨以此书献给苏嘉铁路与通苏嘉甬高速铁路

　　岳钦韬,1984 年生于沪杭铁路穿镇而过的浙江省嘉兴市王店镇,1996 年开始考察、研究苏嘉铁路至今。2013 年获复旦大学历史学博士学位,2015 年从上海师范大学中国史博士后流动站出站,2016 至 2017 年出版博士论文《以上海为中心:沪宁、沪杭甬铁路与近代长江三角洲地区社会变迁》与博士后出站报告《抗战时期上海铁路损失及其影响研究》。现任上海师范大学人文学院历史系副教授、硕士生导师,被评为嘉兴市秀洲区十大乡贤之一。另编纂出版《嘉兴近现代丛书》《日军入侵苏州图证》等嘉兴、苏州两地史料书籍 40 册,制作新时代"重走一大路"·中共一大移师嘉兴必然性展示馆、浙江交通集团·浙江铁路党史学习教育主题展览馆、杭州西站·浙江铁路与高铁时空馆、苏嘉铁路遗址公园(王江泾)、沪杭铁路展示馆(王店)、沪杭甬铁路松江段历史陈列馆等铁路文化场馆的展陈内容。

纵横长三角

沪宁、沪杭甬、苏嘉铁路历史影像

岳钦韬 编著

广陵书社

上

图书在版编目（CIP）数据

纵横长三角 : 沪宁、沪杭甬、苏嘉铁路历史影像 /
岳钦韬编著. -- 扬州 : 广陵书社，2022.12
ISBN 978-7-5554-0599-3

Ⅰ．①纵… Ⅱ．①岳… Ⅲ．①长江三角洲－铁路运输
－交通运输史－研究 Ⅳ．①F532.9

中国版本图书馆CIP数据核字(2016)第179740号

书　　名　纵横长三角：沪宁、沪杭甬、苏嘉铁路历史影像
编　　著　岳钦韬
责任编辑　顾寅森
出版发行　广陵书社
　　　　　扬州市四望亭路2－4号　　　邮编　225001
　　　　　(0514)85228081(总编办)　　85228088(发行部)
　　　　　http://www.yzglpub.com　　E-mail:yzglss@163.com
印　　刷　无锡市海得印务有限公司
装　　订　无锡市西新印刷有限公司
开　　本　889毫米×1194毫米　1/16
印　　张　52
字　　数　625千字
版　　次　2022年12月第1版
印　　次　2022年12月第1次印刷
标准书号　ISBN 978－7－5554－0599－3
定　　价　220.00元(全2册)

各方如需使用书中图片，请事先与笔者和出版社取得联系以获得授权。

《纵横长三角：沪宁、沪杭甬、苏嘉铁路历史影像》

编 委 会

编　　著：岳钦韬

外文译校：王争宵　刘　峰　孟祥科

摄　　影：岳　峰　鲍世望　岳钦韬

本书由嘉兴市哲学社会科学重大委托课题"1921 年嘉兴史料汇编"、上海市哲学社会科学规划课题"抗战时期长江以南铁路部门人口伤亡和财产损失资料整理与研究"等项目资助出版,特此鸣谢!

前　言

近代的长江三角洲地区是中国铁路的发源地。目前可追溯的我国最早的铁路建设计划即为一八四九年从上海分别通往苏州、杭州的铁路，而一八七六年建成的吴淞铁路则是全国第一条投入运营的铁路。此后的一八九八年至一九〇八年，从淞沪铁路延伸至南京的沪宁铁路分段陆续通车。然而，以上铁路大多是西方经济侵略的产物。为从列强手中夺回铁路的建设权与运营权，国人持续发起拒款保路运动，并于一九〇九年自主建成了规避英国苏杭甬铁路方案的沪杭甬铁路，此举为一九二一年中国共产党的诞生奠定了重要基础！

沪宁、沪杭甬铁路与一九三六年通车的苏嘉铁路形成了纵贯南北、横跨东西的近代长三角铁路网，串联起上海、宝山、嘉定、昆山、苏州、无锡、常州、丹阳、镇江、句容、南京，以及松江、嘉善、嘉兴、桐乡、海宁、杭州、萧山、绍兴、上虞、余姚、慈溪、宁波、吴江等地区的主要城镇，并成为抗日战争和解放战争时期的运输要道与重要战场。因此，沪宁、沪杭甬、苏嘉铁路对近代长三角区域的经济发展和社会变迁及我国近代以来的历史走向都具有举足轻重的影响。

笔者从一九九六年六月小学五年级开始考察、研究苏嘉铁路，至今已超四分之一个世纪。二〇〇五年七月大学本科二年级时转入积累沪宁、沪杭甬铁路史料的新阶段。二〇〇八年九月为预先开展博士生阶段的研究而启动了大规模的资料搜集工作。至二〇一二年三月正式撰写博士论文《沪宁、沪杭甬铁路与长江三角洲地区社会变迁研究》时，笔者开始系统收集整理长三角铁路的高清历史影像。二〇一六年博士论文付印之际，为提前回应以当代主观意识随意解读铁路历史的文学作品以及沿线个别地方媒体的盲目吹捧，并提示铁路文化工作者与爱好者区分学术与艺术的不同路径，笔者于当年的四月二十五日决定编纂沪杭甬铁路历史图集，后逐步将内容扩充为上述三条铁路。此后由于笔者不断补充新图以及承担其他相关工作，本图集最终历时六年半方告完成，成为笔者投入时间和精力最多的一部图书。

　　本图集汇集了来自海内外各地的约三千七百幅历史影像，以哲学社会科学与自然科学相结合的学术手段呈现近代长三角铁路的峥嵘岁月——第一章为晚清时期长三角铁路的起源和起步；第二章是清末沪宁、沪杭甬铁路的路权运动与建设运营；第三章以铁路见证从辛亥革命到中国共产党诞生的重要历程；第四章是国民革命前后的动荡风云与首次大规模的战时运输；第五章为一九三二年淞沪战役期间铁路沿线的战事及铁路系统的人口伤亡和财产损失；第六章是抗日战争全面爆发前夕长三角铁路事业的加速发展与短暂繁荣；第七章以铁路上的抗日救亡运动为开端，重点呈现一九三七年淞沪会战和南京保卫战期间的军民运输与大规模的铁路争夺战；第八章专门回顾了长三角铁路迄今最为严重的战争损失；第九章是沦陷初期日军军事管制下的铁路与抗日军民的反攻；第十章为日军专设的铁道局和日伪华中铁道株式会社的殖民式运营以及中方持续不断的交通破袭战；第十一章是从抗战胜利至中华人民共和国成立伊始长三角铁路冲破混沌走向新生的轨迹；第十二章为苏嘉铁路专题史。

　　值此苏嘉铁路的重要纪念日，笔者衷心祝愿它的当代化身——通苏嘉甬高速铁路顺利开工并按计划于二〇二七年胜利通车！同时，希望本图集的出版能为沪宁、沪杭甬、苏嘉铁路沿线各地找回远去已久甚至濒临湮灭的"记忆"，为新时代长三角一体化国家战略下区域铁路与轨道交通的高质量发展奉献来自历史深处的科学依据与精神动力！

岳钦韬

二〇二二年十一月十四日　苏嘉铁路平望阻击战八十五周年纪念日

目 录

》 第一章　鸣笛

第一节　吴淞铁路

1849　*Things in Shanghai.*　385

Both as a mart for trade and as a field for missionary enterprise, Shánghái has superior advantages, which claim much more attention than it has yet received. These arise chiefly from its central position, by which it has easy communication with immense agricultural regions of great fertility, whose inhabitants are peaceful and passionately fond of traffic. Every one who visits this region of country, and has any acquaintance with the geography of the Chinese empire, will be struck with these advantages. Great as they are, however, they may yet be greatly augmented, whenever the Chinese will allow foreigners freely to traverse their country, and railroads shall have been constructed so as to facilitate communication between Shánghái and the neighboring cities of Hángchau, Súchau, Chinkiáng, Nanking, &c.

In *character*, both physical and intellectual, the inhabitants here present a remarkable variety, differing in many particulars from what is found at the south. Taking the whole native population in one mass, it presents a very heterogenous aspect, and to ordinary moral influence as insensilbe as the very rock. Doubtless there are pearls and a few precious stones to be found in it; but in the mass, as I have yet seen it, the common and baser qualities greatly predominate. I will not however speak too confidently on this point, though one thing is certain; the minds of this people must be remoulded, and their manners greatly reformed, before they can rise; for as yet they are but half civilized, and need altogether to be animated by another spirit, whereof they are now wholly ignorant.

Mercantile interests, concentrated here, have raised this city to its present importance. But for these it would have continued till this day a mere country-market, and have attracted far less notice than Kito Point, or the lofty promontory of Shántung. The annual reports published by consular authority, and the monthly statements from the Chamber of Commerce, show the progress and indicate the prospects, of foreign commerce. The domestic trade is but little understood by foreigners. It is evidently very great, and its ramifications extend over all the empire. If by any means two short railways could be laid down—one extending to Hángchau and the other to Súchau, and foreigners allowed freely to visit and trade in those two cities, the foreign and domestic trade of Shánghái would both thereby be carried on upon a much larger scale. As in every part of China, inland communication here is slow, and often exposed to loss by reason of the numerous bands of 'water thieves,' who prowl over the lakes and canals, and secrete themselves along the coasts. Steam would set at naught these freebooters.

VOL. XVIII. NO. VII.　49

铁路是西方工业文明的产物。鸦片战争后的1849年，西方人在《中国丛报》(The Chinese Repository ）上提出在长江三角洲地区新建上海至杭州、苏州的铁路

1863年7月上海27家外商向江苏巡抚李鸿章提出建造上海至苏州的铁路，但遭其拒绝

为防止黄浦江通航能力下降阻碍上海发展，1866年4月英国驻华公使阿礼国（ Rutherford Alcock ）要求清总理衙门同意英方建设上海通往吴淞口的铁路，最终仍遭拒绝

1875年玛礼孙（ Gabriel. J. Morrison ）被任命为吴淞铁路总工程师

1872年英国吴淞道路公司(Woosung Road Company ）取得上海至吴淞道路修筑权后，英国怡和洋行（ Jardine, Matheson & Co. 图为伦敦总部）介入并主导了铁路工程

1875 年 1 月英方施工人员和建筑材料到达吴淞

吴淞铁路的建筑材料——12 英尺长便携式的铁轨和枕木

用于吴淞铁路的先导号（Pioneer）机车

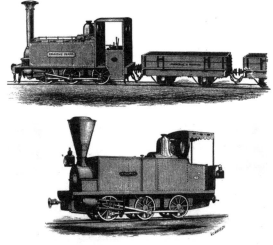

天朝（Celestial Empire）号机车（上），总督（Viceroy）号机车（下）画像

简易蒸汽客车

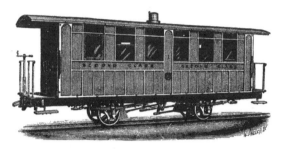

二等车厢外观

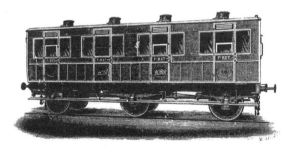

可变轮距的客车

一等车厢内景与外观

小型货车

可变轮距的货车

便于运输的吊车

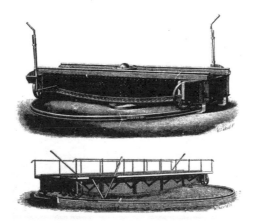

蒸汽机车转车台(上)和煤水车转车台(下)

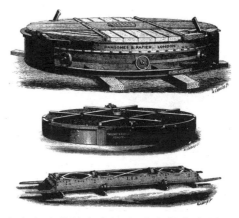

客车车库的转车台(上)、货车转车台(中)、
客货车转盘(下)

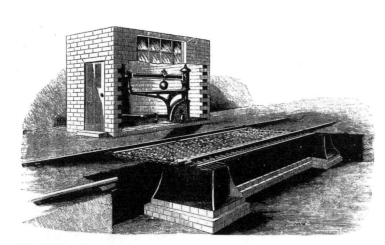

货运站的地磅

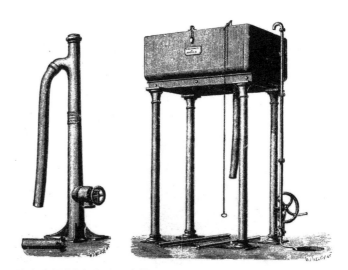

站台水塔(左)和铁质水箱(右)

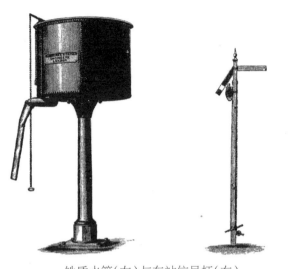

铁质水箱（左）与车站信号杆（右）

电报机

最先抵达上海的先导号机车

在铁路建设的同时，上海道台冯焌
光出面反对继续施工

1876年6月30日上海至江湾段通车，当地民众前来围观

通车当天的先导号列车

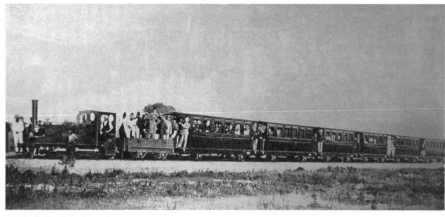

满载欧美乘客的列车

上海站(起点站,在苏州河北岸)的机车和车库

吴淞湾站(Woosung Creek,终点站,在蕴藻浜南)的普通列车

1877 年 12 月吴淞铁路被清政府全部赎回后停止运营，随后由两江总督沈葆桢下令拆除

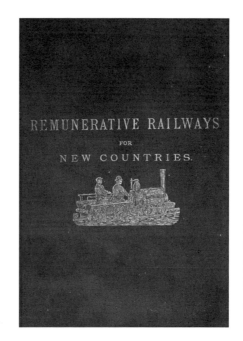

1878 年英国专门出版了一本记述吴淞铁路的书——《新国家的有偿经营铁路：以中国第一条铁路为例》（*Remunerative Railways for New Countries With Some Account of the First Railway in China*）

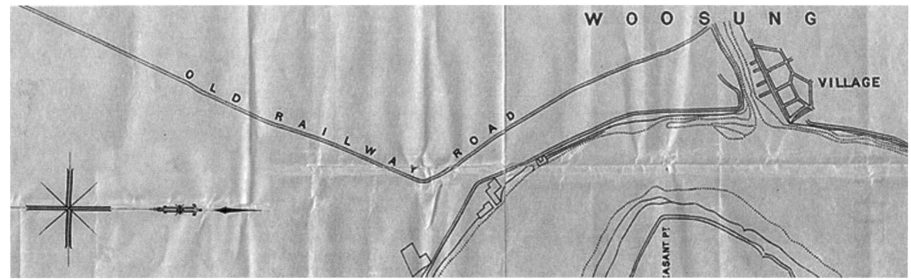

路基逐渐演变成西方人称为"Old Railway Road"的普通道路

第二节　淞沪铁路

1895年7月,两江总督张之洞鉴于甲午战败和列强图谋路权而奏请清政府兴建长三角地区的铁路

同年12月底,张氏又向清廷提出了详细的筑路方案——《筹办江浙铁路折》

1897年5月,英国驻华使馆代办霍必澜(Pelham L. Warren)向清政府提出由英国承办沪宁铁路

淞沪铁路作为张氏方案中的第一段率先开工,1898年9月通车,上海站设于租界北区外

上海站位置图（即后来的上海北站站址，原吴淞铁路为宝山路—河南北路一线）

上海站远景

上海站站房

上海站站台东侧

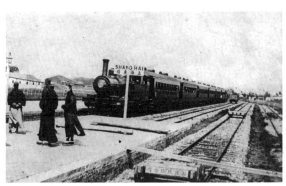

上海站站台

上海站站场(东)

上海站站场(西)

上海站站台西侧

靶子场站(后改名为天通庵站。该照片摄于全面抗战爆发前,但站房与清末相比变化不大)

中國最老的鐵路

六十二年前創築之淞滬鐵路

THE FIRST RAILWAY OF CHINA

The Shanghai—Woosung Line, Built 1875.

淞沪铁路沿线风景（摄于全面抗战爆发前）

江湾站

淞沪铁路张华浜附近路段

淞沪铁路 W 3 号道房

吴淞站(1914 年 7 月 1 日改名为张华浜站)

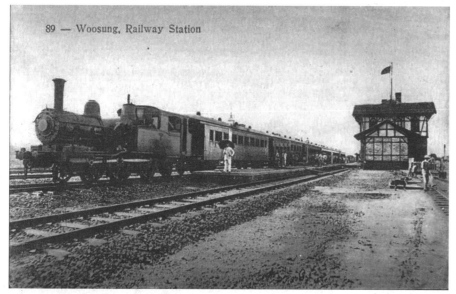

列车停靠在吴淞站

乘客在吴淞站候车前往上海

吴淞货栈地磅

蕴藻浜站（摄于 1932 年）

1903 年 6 月，淞沪铁路跨过蕴藻浜
向北延伸到了吴淞镇东北的炮台湾
（图中弧线）

蕴藻浜铁路桥（后编为淞沪铁路第 6 号桥）

吴淞镇站站台（摄于 1932 年）

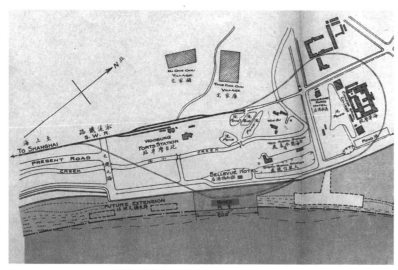

淞沪铁路终点位置图（唐家宅南）

淞沪铁路终点

第三节　浙江铁路

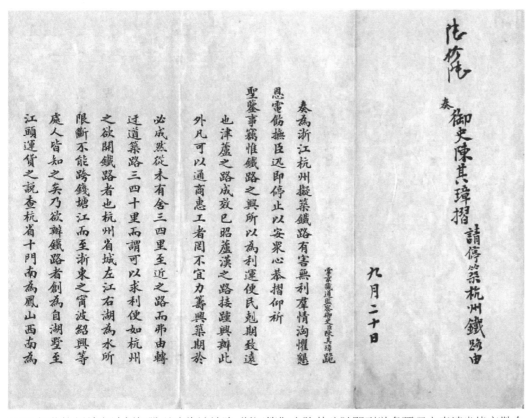

1897年秋杭州绅商计划招股兴建绕城铁路，浙江籍御史陈其璋随即列举多项理由奏请光绪帝勒令停工

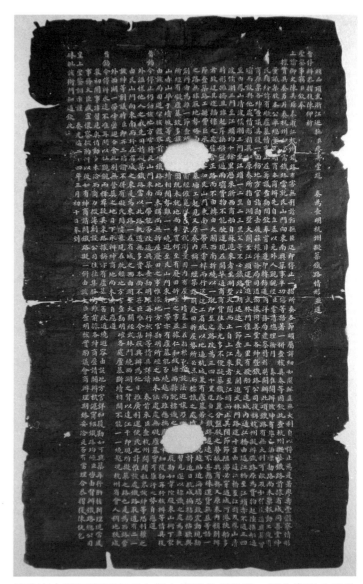

清政府令浙江巡抚廖寿丰禁止修建杭州铁路。图为廖氏上奏的《为查明杭州拟筑铁路情形并遵旨停办恭折》的碑文拓片

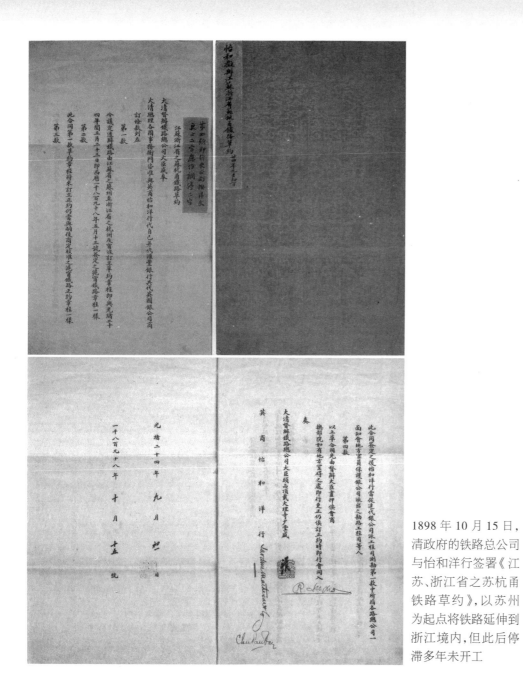

1898 年 10 月 15 日，清政府的铁路总公司与怡和洋行签署《江苏、浙江省之苏杭甬铁路草约》，以苏州为起点将铁路延伸到浙江境内，但此后停滞多年未开工

盛宣怀

1903 年春，浙江商人李厚佑等致函盛宣怀要求自建杭州城外江干至湖墅的铁路，盛宣怀借此向英方提出应废除《苏杭甬铁路草约》

英国驻沪总领事璧利南（Byron Brenan）不理会盛宣怀废约之议，并指出中方不得建设与苏杭甬铁路方向一致或接近的铁路

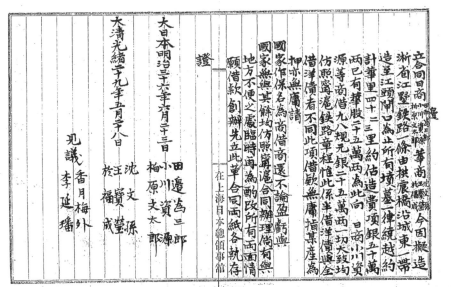

1903 年 6 月 28 日杭州商人沈文孙等与日本商人田边为三郎等签订了建设江墅铁路的合同（抄件）

同年秋，镇海籍旅沪商人刘梦熊与德国荣华洋行（Von Düering &.Co.）签订了借款建设墅浦铁路（杭州湖墅经乍浦至浦东）的合同草案

1904 年 6 月，浙江巡抚聂缉椝奉盛宣怀之令不予批准墅浦铁路的建设计划

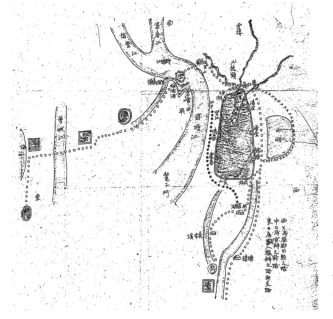

杭州铁路各方案示意图（由日本人于 1904 年绘制）。X 为 1897 年计划路线，空心圆点为 1898 年的苏杭甬铁路，实心圆点为 1903 年的江墅铁路

》 第二章 发轫

第一节 沪宁铁路

一、兴建

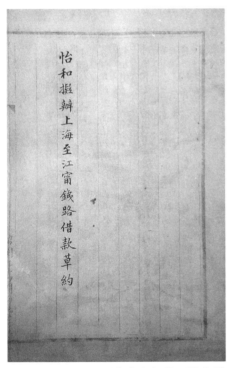

1898 年 5 月 13 日，清政府与英国怡和洋行（Jardine, Matheson & Co.）签订了沪宁铁路借款的初步合同（草约），将路权拱手让与英国

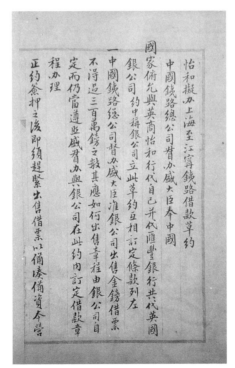

《草约》正文首页

经过与英方半年多的谈判，1903 年 3 月 17 日江苏巡抚恩寿与张之洞、盛宣怀等人联合向清政府上奏《沪宁铁路借款办法折》

1903 年 7 月 9 日，清政府与中英银公司（British & Chinese Corporation，由怡和、汇丰两家洋行合资成立）正式签订《沪宁铁路借款合同》

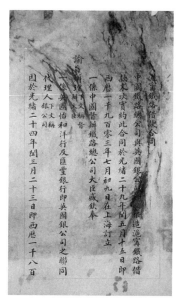

《沪宁铁路借款合同》正文首页

中英银公司向清政府提供铁路借款后发行的债券

沪宁铁路英方成员：1.W. J. Grey（葛利）；2.A. W. V. Pope（朴爱德，1907年出任车务总管）；3.E. J. Dunstan（邓斯登，1906年出任机车总管）；4.K. D. Tweedie；5.M. R. Sinclair；6.A. H. Collinson（格林森）；7.J. D. Smart（士马，董事会主席）；8.C. E. Antox（董事会委员）；9.A. C. Clear（克礼阿）；10.Ivax Tuxford（德斯福，工程师）；10.F. Grove；11.H. E. Middleton（米杜敦，1908年出任总账房）；12.J. G.Barkley

沪宁铁路总工程师格林森（A.H.Collinson）

中方最高级别成员——铁路总办沈敦和

1905年初，陈善言接替朱宝奎担任沪宁铁路总办，不久病逝

1905年春吴应科代理铁路总办

1905年秋，江苏掀起沪宁铁路拒款运动，张謇为运动四处奔走并主张江苏官绅自筹经费减少借款

格林森（前排中）与沪宁铁路第一段翻译处人员

英方部分工程人员在苏州城西北钱万里桥旁的工程处留影

工程处室内景象

中方部分工程人员

1904 年,沪宁铁路的 A1 型机车已由英国制造完成

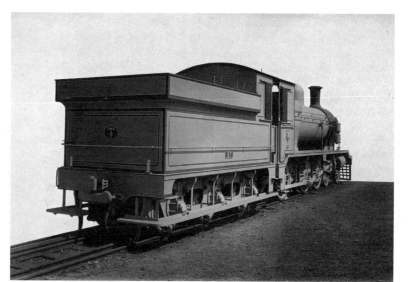

沪宁铁路的 B7 型机车

1905 年 11 月 30 日大批工人开挖新河，建设桥梁（以下照片大多未标明地点，故仅按拍摄日期排列）

挖方后抽干地下水准备开挖新河

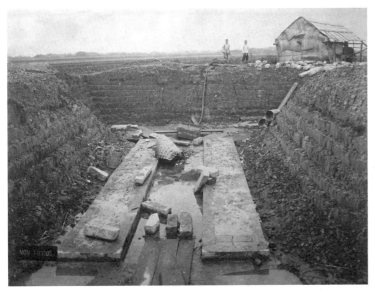

在开挖完成的河床上建造桥基

在新河道的两侧建桥台

桥台的基础工程（与上图为同一座桥）

另一座桥的桥基正在施工

一座三孔桥的桥基已建成

正在施工的桥台

另一座正在施工的桥台

英方工程人员监督下的桥基施工

一座中型桥梁的基础工程

英方工程人员监督桥梁施工

英方人员在该桥附近的房屋留影

英方工程人员视察另一座桥的施工

中方工程人员在桥旁留影

在宽阔河流上采用围堰施工的桥墩

围堰施工

工程用船

一座桥的桥台即将完工

另一座桥的桥基即将完工

施工人员在即将建成的桥台上合影

完工后的桥台

一座已竣工的桥台

另一座竣工的桥台

一座三孔桥的桥台和桥墩基本竣工

另一座三孔桥的桥台、桥墩已完工

1905年12月14日拍摄的大桥围堰施工现场

围堰施工现场之二

挖土建造桥台

开挖桥基基坑

桥基施工场景

即将完成的桥台

即将建成的涵洞

一座桥的桥台和桥墩已竣工

1905 年 12 月 20 日，正在建设中的苏州附近的桥梁

苏州城外钱万里桥东侧的铁路工程处，向东即为苏州站站址

苏州齐门外跨洋泾塘的桥梁，后编为第 104 号桥

该桥东三孔基本完工

围堰工程施工现场

为防止河面被桥梁缩小后水流受阻,施工人员通过捻河泥的方式挖深河道

已建成的小型桥梁

竣工的涵洞

1905 年 12 月 22 日,堆放在桥旁的道砟表明轨道工程即将展开建设

路基上铺设轻便轨道运送土方

正在建设的桥梁

桥梁施工现场

俯瞰建设中的桥梁

道砟开始铺设（1906 年 1 月 2 日）

道砟堆场

另一处堆场与施工中的桥梁

苏州西北方正在施工的大桥

另一座桥的桥墩也已建成

在建的桥墩

刚开工的桥梁

刚完成桥墩基座建设的桥梁

从路基上俯瞰上图中的桥梁施工

英方工程人员对已建成的桥梁进行测量验收

已建成的桥梁

已建成的桥梁

工人在已建成的桥下开挖新河河床

即将架设钢梁的桥梁

竣工的涵洞

另一种形制的桥梁竣工

同类桥梁建成

即将架设钢梁的桥梁

驻苏州的铁路工程处主楼

1906 年 1 月 4 日拍摄的铁路办公用房

铁路办公用房之二

铁路办公用房之三

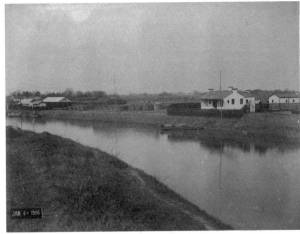

铁路办公区外的建筑材料堆场

道砟铺设完成

堆置于路基旁的道砟

路基旁的道砟

俯瞰桥梁建设

同一座桥的建设场景

已竣工的桥梁

另一座竣工的桥梁

桥梁两端的道砟已铺设完毕

另一种形制的桥梁竣工

1906 年 1 月 15 日拍摄的道砟堆场

建设中的桥梁

桥墩施工

唯亭附近已完工的桥台,远处为夷陵山(又名唯亭山)

已竣工的桥台

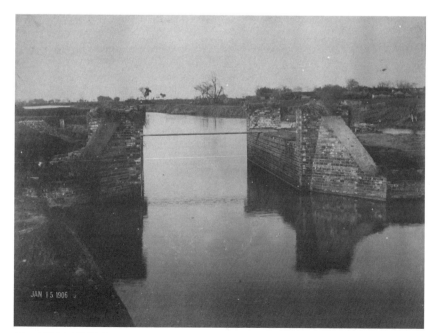

另一座竣工的桥台

竣工的桥台之三

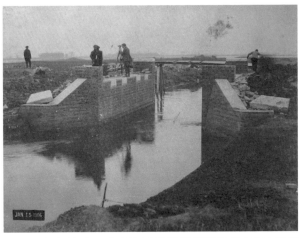

竣工的桥台之四

桥下开挖的狭小河道只能通行一艘木船

英方工程人员对已建成的桥梁进行测量验收（照片场景与 1 月 2 日的相同，疑为贴错时间标）

施工人员在已建成的桥台上铺设木板以便来回挑土

铁路上海起点 30.0252 英里处跨昆山青阳港桥，4 孔，每孔跨度 40 英尺，拱门 4 座各跨 20 英尺（1906 年 1 月 16 日）

青阳港桥俯瞰

距上海 51.1314 英里，临近苏州的官渎里站东侧的第 102 号桥，1 孔，
跨 30 英尺，拱门 2 座各跨 20 英尺

围堰施工中的桥墩

建设中的桥台

已完工的桥台

竣工的涵洞

另一座的竣工涵洞

围堰施工中的桥台

桥梁缩减桥下河面（或新开河道）宽度、妨碍通航的现象

1906年2月4日轨道、枕木已经铺设在架有钢梁的桥上，标志着该桥正式竣工。从中可见桥梁为复线（仅沪苏区间）预留了位置

这张照片更清晰地显示出为复线预留的位置

铺轨后的桥梁之一

铺轨后的桥梁之二

铺轨后的桥梁之三

铺轨后的桥梁之四

铺轨后的桥梁之五

铺轨后的涵洞

1906 年 3 月 2 日建设中的吴淞机车车辆厂

建设中的吴淞机厂之二

位于机厂南端的车辆材料库

材料库之二

1906 年 3 月 3 日拍摄的材料库

建设中的吴淞机厂

铁路建设过程中引发的路权风潮迫使盛宣怀于 1905 年 12 月奏请裁撤铁路总公司，随后唐绍仪出任督办沪宁铁路大臣

沈敦和辞职后，施肇曾于 1906 年继任铁路总办

二、运营

1906 年 7 月 16 日上海至无锡段通车，首趟列车即将从上海开往苏州

上海站站台上的热闹场景

列车即将启动

列车经过昆山青阳港桥（后编为第 55 号桥）

首趟列车抵达苏州站

铁路通车庆典盛况

苏州站旁举行通车庆典的大棚

清政府官员离开庆典现场

参加庆典的船只集中在铁路工程处（钱万里桥东）前的护城河上

苏州乡间庆祝通车的场景

通车时的苏州站站房（大站房尚未开工）

从铁路工程处主楼上眺望苏州站

沪锡段通车时正在建设的镇江宝盖山隧道（1905 年开工）

隧道施工场景

隧道口施工

英方工程技术人员在施工现场合影

镇江至南京段的一座桥梁在施工时完全堵塞了原有河道

1908 年 4 月 1 日沪宁铁路通车，首趟列车即将从上海开往南京

参加通车庆典的中外官员出发前在上海站站台合影

首趟列车抵达南京站

首趟列车抵达南京站（今南京西站）

清政府官员与英方人员在南京站的列车上合影

新上海站由英国工程师西排立（F. W. Woodley Valpy）设计，在拆除1898年建成的上海站后兴建

1909年7月17日，新上海站举行落成典礼

沪宁铁路管理局设于新站房的第二至第四层

落成典礼庆典现场

中英部分官员合影

站房内的新售票处

上海北站小卖部

英国制造的新旧机车。较小的旧机车是运行在沪宁铁路上的第一台机车,时速为 10 英里;较大的新机车能以每小时 50 英里的速度牵引 600 吨的车辆

人头攒动的上海站

售票处

站台票售票处

站内的时钟

上海站站台及雨篷

北站最南端的站台

位于新站房东北的淞沪铁路始发终到站台

上海站西端

从上海站西部的民德路旱桥（人行天桥）上拍摄的站场

上海站机车库之一

上海站机车库之二

上海站洗车场

上海站电机房

民德路旱桥下的上海站路签房　路签房旁的号令钟　扬旗间站长授签处　沪宁铁路电灯房内景

1910 年的淞沪铁路列车。该路根据 1903 年《沪宁铁路借款条约》规定并入沪宁铁路作为其支线

位于淞沪铁路张华浜站东北的吴淞机车车辆厂

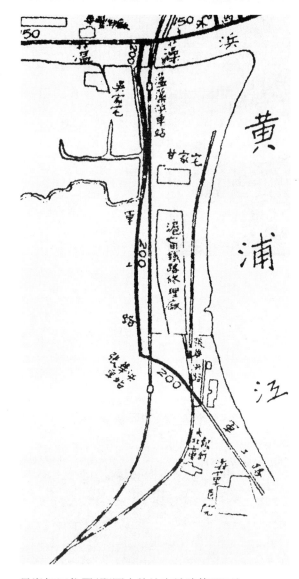

吴淞机厂位置（即图中的沪宁铁路修理厂）

机厂内景

机厂厂房之一

机厂厂房之二

机厂厂房之三

吴淞机厂

张华浜码头

黄浦江畔的张华浜码头铁路栈桥

栈桥上的机车和车底

民德路旱桥

民德路旱桥南堍及新民路

麦根路货站东南、海昌公所以北路段

麦根路货站

麦根路货站的地磅

真如站

南翔站

南翔站站台

南翔站站牌

南翔站天桥

黄渡站

黄渡站西的第 24 号桥

恒利站（青阳港站）。在沪英国人将昆山的青阳港作为赛船地，并把英国赛船港 Henley 的地名移用于此

恒利站站台与轨道（无到发线）

第 55 号桥（青阳港桥）

第55号桥桥面为复线预留的位置

昆山站。站牌上标识的"常熟、太仓"提示旅客可在昆山换乘船只前往两地

正仪南弯道

第69号桥（跨娄江）

正仪北弯道

苏州站新站房

苏州站东侧

从新站房顶层鸟瞰原站房和铁路工程处

苏州站西侧

苏州站站台

货栈的专用线上停有多节货车车厢

苏州站附属用房

苏州货栈

望亭站

无锡站站房与站场

无锡站站场

无锡货栈

无锡站机器房

无锡皋桥附近的铁路桥

横林站

常州站全景

常州站站房

常州站站台

沪宁铁路桥梁

另一种桥梁

大型涵洞

小型涵洞

丹阳站

镇江旗站

镇江宝盖山隧道

镇江站

镇江站站房与人行天桥

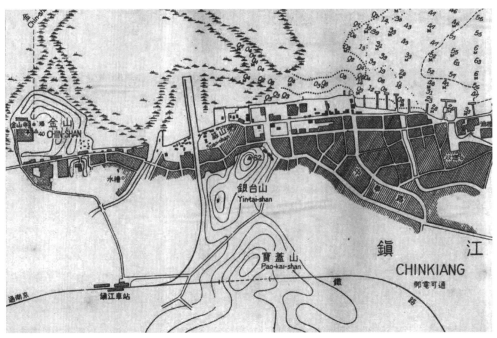

镇江站及江边码头支线平面图

江边码头

从铁路边远眺金山寺慈寿塔

下蜀站

从栖霞山上向东俯瞰沪宁铁路。远处为长江，弯曲者为河道

栖霞山路段

驶抵南京附近某站的列车

南京江边分路站。右方通往江边船坞（即煤炭港）和长江码头，正前方通往南京站

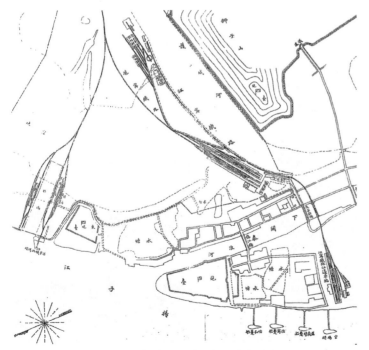

南京终点段平面图（左为船坞和码头，右为南京站）

江边船坞是沪宁、津浦两条铁路运载货物的转运处

江边船坞是沪宁、津浦两条铁路运载货物的转运处

沪宁铁路长江码头

南京站站东的岔道，左前方弯道为江边分路，可通往宁省铁路（1910年接轨）

南京站

南京站的大批候车旅客

南京站站台

沪宁铁路餐车

沪宁铁路头等车厢内部

酒吧间

三等客车

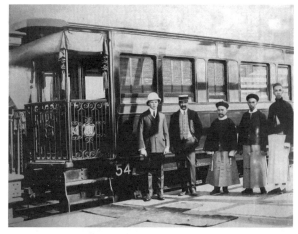

沪宁铁路车务总管朴爱德（A.W.U.Pope，左二）、总办钟文耀（中）等人合影

1908 年春担任账务总管的兰克斯德（W. O. Lancaster，后任会计处处长）

沪宁铁路的列车长、售票员、站长

站长臂章以黑色绒布为底，绣有锦龙徽章，用纽扣佩戴于左胸

075

上海站至南京站的头等车车票

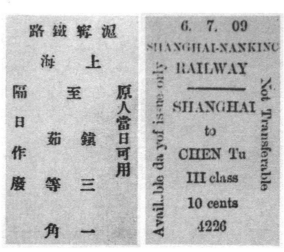

上海站至真如站的三等车车票

沪宁铁路的铁路警察

躺在铁路上休息的中国工人

1909 年 3 月 26 日《新闻报》刊登的漫画揭露了公共租界向沪宁铁路不断扩张的行径

1911 年吴淞机厂为津浦铁路制造的客车

第二节 沪杭甬铁路

1905年8月26日商办全浙铁路有限公司（简称浙路公司）奏准成立,总公司设于杭州

浙路公司总理汤寿潜

协理刘锦藻

营业部长濮登青

浙路总工程司（即工程师）劳之常

1906 年 11 月 14 日作为浙路第一段的江墅铁路开工，次年 7 月竣工，其起点为闸口站

铁路的轨道起点在白塔北侧

白塔下的铁路

江干段（图右侧）沿线

南星站,渡钱塘江来往绍兴的旅客在此站上下车

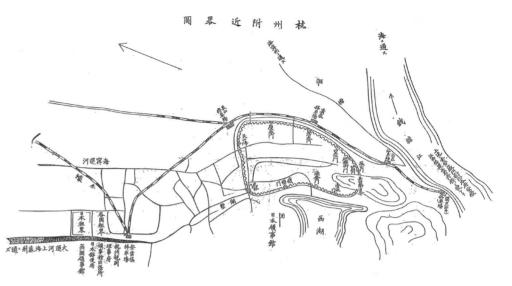

日本驻杭领事馆人员绘制的江墅铁路简图,此时的清泰站地处城外(今海潮路中段)

艮山站

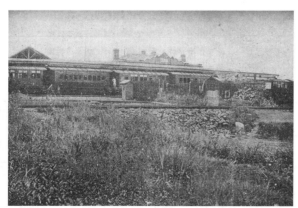

拱宸站

拱宸站外连接运河的铁路码头

1906 年 5 月 25 日商办苏省铁路股份有限公司(简称苏路公司)奏准成立，由王清穆担任总理

公司协理许鼎霖。另一名协理是在此后发挥重要作用的张謇

公司协理王同愈

苏路总工程司徐文泂

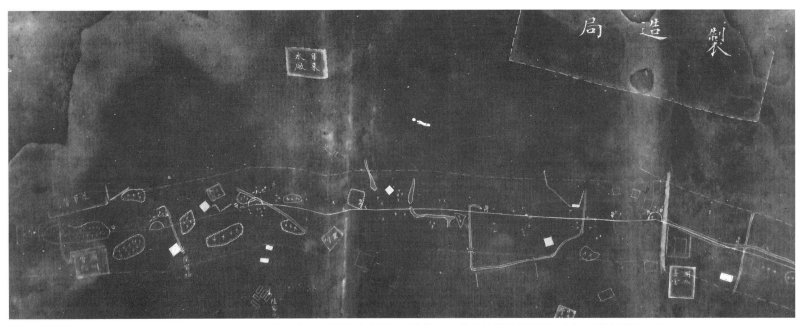

1906 年 11 月 2 日,苏路公司决定先建上海县城至嘉兴府枫泾镇的沪嘉铁路,借此规避英方的苏杭甬铁路,次年夏进行勘绘工作

1907年6月建设中的
上海日晖桥东桥码头
（即日晖港码头）

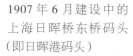

上海求新制造机器轮船厂为苏路公司的小普陀铁路桥制造的钢梁。钢梁长65英尺、宽15英尺，钢板高6英尺。全桥重38吨，每平方英尺的载重量为2.5吨。1908年建成

斜塘桥施工现场

铁路道砟采自辰山（时属青浦县），采石一度引发社会风潮

即将竣工的松江站站房

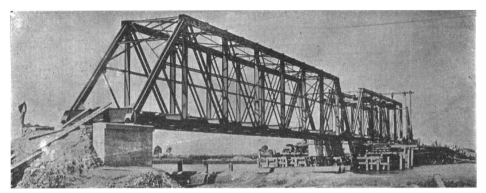

即将竣工的斜塘桥

苏路公司的工程人员在完成铺设的路段合影

苏路小型桥梁

求新制造机器轮船厂为浙路公司制造了长 49 英尺、宽 15 英尺的钢梁,钢板高 4 英尺。全桥重 30 吨,每平方英尺的载重量为 3 吨。1906 年建成

长 23 英尺的钢梁,钢板高 28 英寸。这些钢梁用于 6 座铁路桥,每座桥的跨径为 20 英尺,重 8 吨,每平方英尺的载重量为 5 吨。1907 年建成

为浙路公司 30 座小型铁路桥制造的钢梁

为浙路公司制造的 30 副道岔机件,包括转辙器、鱼尾板、枕木和其它连接件

英国外交部档案中的苏杭甬铁路与沪杭甬铁路路线图。可见英方对江浙两公司的铁路建设十分"关切"

1907 年 5 月英方以苏路公司在苏州征地违反《苏杭甬铁路草约》为由，要求清政府勒令两公司停工并签订正式借款合同。外务部遂派汪大燮与英方谈判

在要求停工的同时，英方提出必须签署苏杭甬铁路的正式借款合同。在 1907 年 8 月英方提出的合同草案中，铁路的起点仍是苏州而不是上海

借款合同出卖路权的消息传开后引发了江浙商民的拒款运动。10 月 23 日，浙路公司职员邬钢去世后被塑造为"殉路英雄"

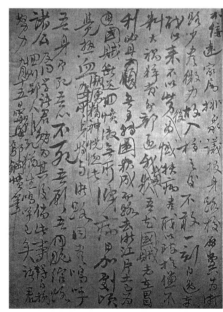

邬钢的"绝命书"

11 月 4 日，浙路工程司汤绪绝食抗议后去世

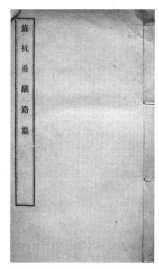

江浙铁路风潮成为当时社会的焦点，交涉文件被编成《苏杭甬铁路档》公开发行

12 月 10 日，张元济作为浙路公司代表与苏路代表王同愈、许鼎霖等人赴京谈判

军机大臣兼外务部尚书袁世凯在谈判时拒绝了代表的废约要求

1908 年 3 月 6 日，清外务、邮传两部与中英银公司（British & Chinese Corporation）签订《沪杭甬铁路借款合同》，把苏、浙公司正在建设的铁路作为沪杭甬铁路写进借款合同

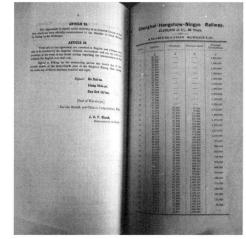

合同所附的借款分期偿还表

签署该合同的外务部右丞胡惟德

邮传部铁路总局局长梁士诒

085

中英银公司代表濮兰德（J.O.P Bland）

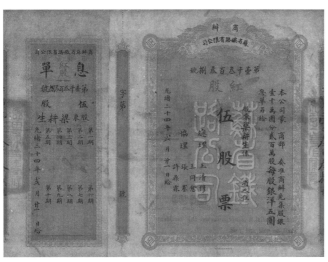

借款合同签订后，苏路公司仍继续发行股票维护路权

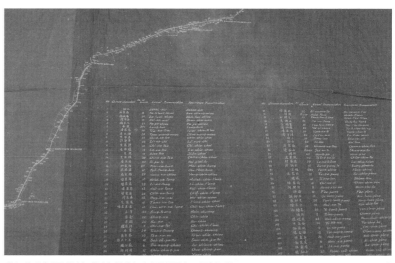

美国国会图书馆藏沪杭铁路图（局部，图名为Shanghai Hangchow Railway）

1908年4月上海至松江段通车，列车驶过龙华附近的一座桥梁

1909年2月竣工的斜塘桥

1909年2月，圆泄泾桥竣工

1909 年 2 月斜塘桥落成后举行的试通车仪式

1909 年 4 月 15 日,浙路公司负责建设的艮山站至嘉兴段率先通车

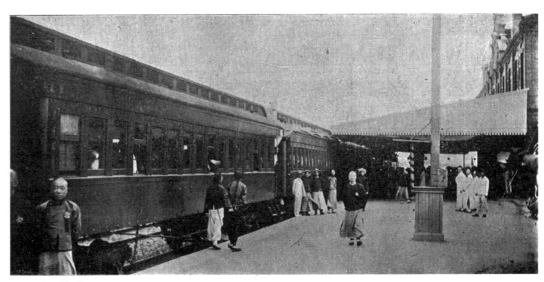

5 月 30 日,苏路公司在上海站(1914 年改称上海南站)举行上海至枫泾段通车仪式

通车时的上海站

列车即将出发

列车抵达松江站时，大批民众聚集在站台上

列车到达枫泾站

苏路公司在枫泾站也举办了通车庆典，此时该站仅有简易站房

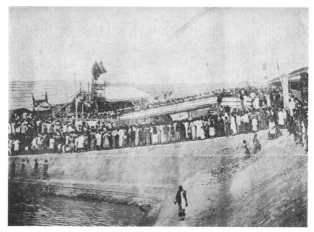

到场者聚集在简易站房和列车（图右侧）之间参加庆典

上海站（1939 年毁弃）

上海站侧面

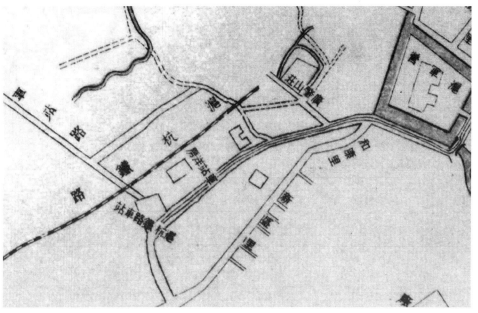

上海站位置图

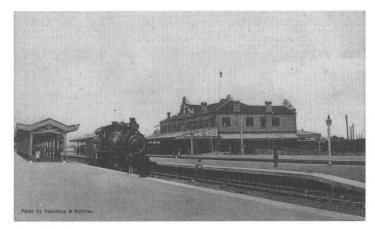

上海站站台

上海站货栈

沪杭甬铁路江苏段的三等站站房

上海站机车库与水塔

龙华站站房

龙华站

梅家弄站

松江站

沪杭甬铁路江苏段的中型桥梁

松江站

斜塘桥（后编为沪杭段第 31 号桥）

圆泄泾桥（第 34 号桥）

甪钓湾桥（第 38 号桥）

枫泾站东北的拱桥（第49号桥，跨市河）

苏路公司的客车

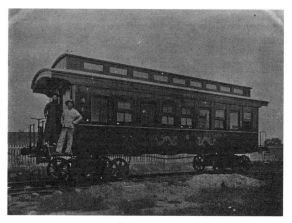

1909年，求新制造机器轮船厂为苏路公司制造了2辆公事车，每辆车身长37英尺、宽10英尺、高10英尺，重15吨

1907年美国罗德岛（Rhode Island）工厂制造的苏路公司3号机车

1908年，求新制造机器轮船厂应苏路公司总理王清穆之请制造了6辆钢制货车，每辆长27英尺、宽10英尺、高2.6英尺，载重30吨

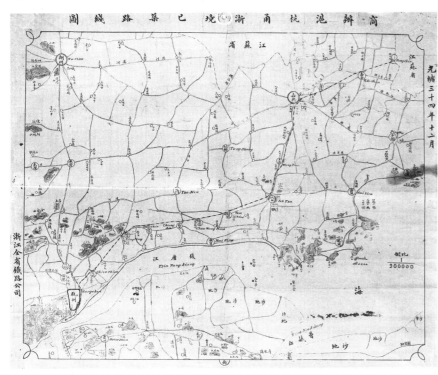

枫泾站。苏、浙两路在该站接轨后于 1909 年 8 月 13 日各自通车，来往乘客须在此换乘(货车可直达)，直至 9 月 12 日沪杭直达车开通

嘉善站

《商办沪杭甬浙境已筑路线图》简明而又精确地展示了浙江段(浙路)的走向

嘉兴站

嘉兴站西南的放生桥桥下河道被铁路堵断（摄于抗战胜利后）

王店站

硖石站

硖石站的码头支线（最右侧，照片摄于 1934 年）

斜桥站

周王庙站

长安站

许村站

临平站

筧桥站

浙路公司界石

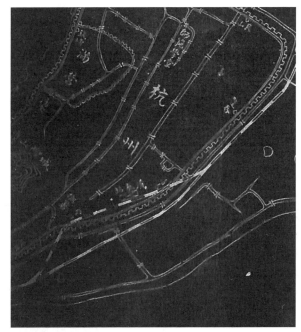

1908年7月杭州入城段开工,清泰站也随之移入城内
并改名为杭州城站

1910年建成的杭州城站。浙路公司曾迁入办公

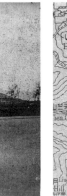

杭州城站远景

南星桥至闸口终点段地图

闸口末端航拍照

1908 年美国罗德岛（Rhode Island）工厂为浙路公司制造的 5 号机车

浙路公司从德国进口的
波尔西克（borsig）机车

1910 年, 浙路公司向求新制造机器轮船厂订制 12 辆头、二、三等客车(车辆在棚内建造中)

1911 年交付浙路公司的头等客车, 共 2 辆

求新制造机器轮船厂制造的浙路二等客车, 共 2 辆, 每辆车长 60 英尺, 宽 10.2 英尺, 高 15.6 英尺

1911 年交付浙路公司的三等客车, 共 8 辆, 每辆车可容纳 50－70 人, 尺寸与二等客车相同

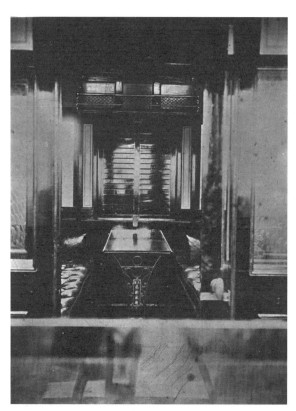

头等客车包间

头等客车会客室

头等客车走廊

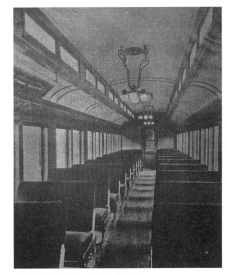

浙路公司另一种头等客车　　　　二等客车内部　　　　　　　　　三等客车内部

苏路站长的夏季制服

1909 年 6 月，詹天佑视察并验收沪杭甬铁路以驳斥英方对工程质量的抹黑（中间者是詹天佑，左一是徐文泂）

由于沪杭甬铁路未与沪宁铁路接轨，1910 年初上海道道员虞洽卿主导了两路联络线的策划工作

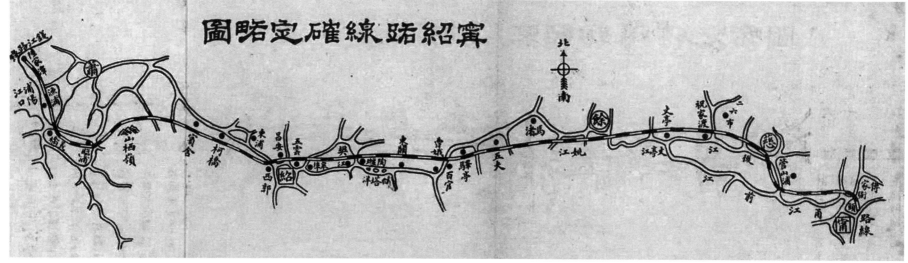

1910 年，浙路公司制定了沪杭甬铁路宁波至绍兴段的路线计划。由于钱塘江大桥选址久未确定，宁波至上虞曹娥江东岸路段于同年 6 月 5 日率先开工

〉〉 第三章　前行

1911 年 10 月 10 日武昌起义后，两江总督张人骏在清军的护卫下抵达沪宁铁路上海站寻求租界的庇护

11 月 6 日上海起义后的第四天，万国商团（Shanghai Volunteer corps）撤离上海站，革命军随即进驻以确保交通

革命军保卫上海站

11 月 11 日起，镇江民军由司令林述庆带队从镇江站乘车出发进攻盘踞在江宁的清军

镇江民军行经该站天桥

镇江民军列队出发

镇江民军运送辎重

镇江民军跑步登车

民众蜂拥至沪宁铁路南京站准备乘车逃离，躲避战乱

革命军沿沪宁铁路进攻尧化门

11月16日，江浙联军总司令徐绍桢乘火车抵达沪宁铁路高资站迎击清军

革命军乘坐机车从镇江前往江宁侦查清军动向

江宁红十字会随革命军进入尧化门（士兵身后即为火车）

1911 年 12 月 2 日，革命军前锋在沪宁铁路上海站东北侧的淞沪铁路始发终到站台候车开赴江宁

革命军后续部队在淞沪铁路站台上准备登车

1912 年 1 月 1 日上午，上海军政府都督陈其美等护送孙中山到达沪宁铁路上海站

上海各界代表到站欢送孙中山赴南京出任中华民国临时大总统

浙江军政府都督汤寿潜被任命为中华民国临时政府交通总长后，驻杭军队在杭州城站欢迎新任浙江都督蒋尊簋

锡金军政府所辖的锡军第二营准备乘车从无锡开往安徽驻扎

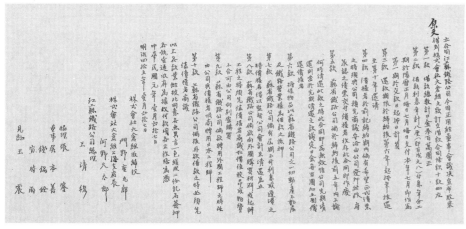

1912 年 1 月 27 日，苏路公司与日本大仓洋行签订沪杭甬铁路上海至枫泾段的抵押借款条约，为南京临时政府筹措经费

1912 年 12 月 8 日，孙中山抵达沪杭甬铁路艮山门站与中华民国铁道协会浙江分会成员合影

1912年11月沪杭甬铁路甬曹段观庄桥(跨慈溪江)北桥墩打桩情形

建设中的观庄桥

1913年3月，国民党无锡籍参、众两院议员在沪宁铁路无锡站准备乘车前往北京

国民党在国会选举中取得重大胜利遭致北洋派系不满。3月20日，宋教仁在沪宁铁路上海站进站口的雨篷下被刺

对宋教仁实施最后抢救的沪宁铁路医院

1913 年四五月间，北京政府交通部路政司司长叶恭绰与苏路公司商讨将营业状况欠佳的沪嘉铁路收归国有的各项办法

交通部于 6 月底派原沪宁铁路局局长钟文耀兼任沪嘉铁路局局长（1914 年浙路国有后成为沪宁、沪杭甬铁路管理局首任局长，至 1916 年 4 月调离）

"刺宋案"引发了国民党的"二次革命"。8 月 14 日前后，南下的北洋军队在淞沪铁路江湾站下车集合

北洋军队在江湾站与"讨袁军"交战

8 月 15 日前后，北洋军队军官在淞沪铁路江湾段指挥作战

北洋军士兵在淞沪铁路吴淞镇站阻止外国人前往炮台湾

1913年9月5日沪杭甬铁路甬曹段工程师卢公耀（右下）在观庄桥施工时身受重伤。在其逝世后，汤寿潜将此桥改名为卢公耀桥

建成后的卢公耀桥。远处拱门内即为卢氏墓园

此时（1913年11月）的浙路公司虽然仍在发行债券，但也准备效仿苏路公司将铁路归于国有

1913年12月15日，沪杭甬铁路甬曹段通车，以宁波站为起点

宁波站站台

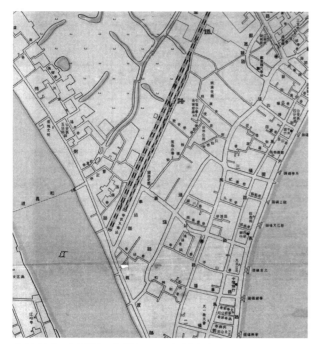

宁波至白沙的支线连通白沙机车车辆厂，1920 年 6 月延伸至孔浦

宁波站位于余姚江北岸（1938 年毁弃）

白沙机厂

甬曹段第 21 号桥（卢公耀桥）

慈溪站

甬曹段列车内景

余姚站

余姚狮子山段

余姚牟山湖段

百官站至曹娥江站路段

曹娥江站

曹娥江站雨篷

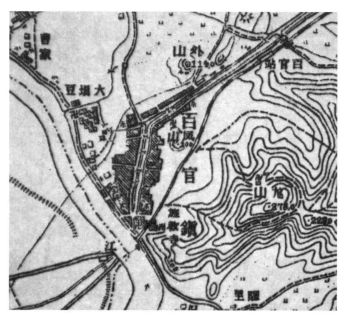

甬曹段终点平面图

1913 年 11 月 27 日，由德国三山桥梁公司（Maschinenfabrik Augsburg-Nuruberg）承建的曹娥江桥开工。西桥台用打桩机打桩现场

西桥孔木架

中桥墩沉箱下放

中桥墩施工现场

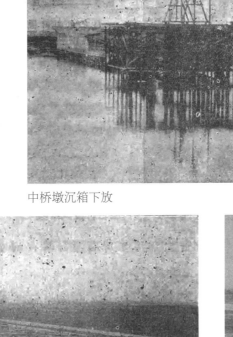

从曹娥江东岸拍摄的中桥墩施工场景

1914 年 7 月第一次世界大战爆发后,该桥因德制钢梁无法运抵而被迫停工,至 1949 年民国终结时仍未建成,导致沪杭甬铁路无法全线贯通

从西岸拍摄的曹娥江桥

签署该条款的交通总长朱启钤

签署该条款的中英银公司代表梅尔思（S.F.Mayers）

Enclosure 1 in Sir J. Jordan's No. 69 of Feb. 16, 1914. 439

9115
2 MAR 1914

SHANGHAI-FENGCHING RAILWAY.

MORTGAGE REDEMPTION LOAN AGREEMENT.

WHEREAS AN AGREEMENT dated January 27th 1912 was made between the NANKING PROVISIONAL GOVERNMENT and MESSRS. OKURA of Japan for a loan of Yen Three Millions, secured by mortgage of the Kiangsu Section of the Shanghai Hangchow Ningpo Railway:

and WHEREAS the Chinese Government is now desirous of redeeming the said loan and lifting the said mortgage which conflicts with the Shanghai Hangchow Ningpo Railway Loan Agreement of March 6th, 1908, the present AGREEMENT is made between the Government of the Republic of China acting through its Ministry of Communications, of the one part, hereinafter called "the Ministry", and the British and Chinese Corporation, Limited, hereinafter called "the Corporation", of the other part.

ARTICLE 1.

The Ministry hereby contracts to borrow from the Corporation a loan of £375,000 to be evidenced by the issue of Chinese Government bonds for that amount which the Corporation is hereby authorized to prepare in such form and for such amounts as the Corporation shall decide in consultation with the Chinese Minister in London. The bonds shall bear the facsimile of the signature of the Minister of Communications and of his seal of office, and the Chinese Minister in London shall sign and seal them in the usual manner as a proof that their sale is duly authorised by and binding upon the Chinese Government. The loan shall be entitled : "The Chinese Government 6% Shanghai Fengching Railway Mortgage Redemption Loan of 1914".

The proceeds of the loan will be placed by the Corporation

446

Corporation at Shanghai: and any net revenue after payment of working expenses will be available for the payment of interest on the bonds of the Shanghai Hangchow Ningpo Railway loan of 1908.

6. This Memorandum of Agreement is made subject to and in amplification of the Shanghai Hangchow Ningpo Railway loan agreement of March 6th, 1908. In the event of any doubt arising regarding its interpretation the English text shall rule.

Signed at Peking this 14th day of February 1914, corresponding to the 14th day of the second month of the third year of the Chinese Republic.

(sd.) Chu Ch'i Ch'ien

THE MINISTER OF COMMUNICATIONS

(sd.) S. F. Mayers.

THE BRITISH AND CHINESE CORPORATION LIMITED.

1914年2月14日，北京政府交通部与中英银公司订立《赎回上海枫泾铁路议订条款》

条款所附《上海枫泾铁路清还抵欠大仓洋行借款合同》

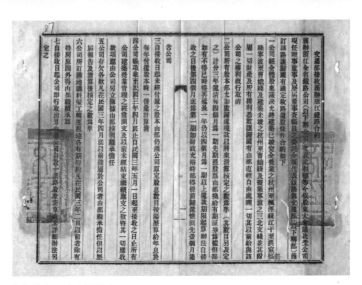

1914年4月11日,浙路公司代表虞洽卿等人与朱启钤签订《交通部接收商办浙江铁路和约》

《和约》正文(部分)

6月5日,浙路公司临时股东大会选举汉冶萍公司经理叶景葵为浙路股款清算处主任

9月19日,新任交通总长梁敦彦与中英银公司签订《收回沪杭甬之浙段铁路议定条款》

1914年11月出任沪宁、沪杭甬铁路管理局车务总管的韦燕(C. L. G. Wayne)的漫画像

1915年3月,搁置多年的沪宁、沪杭甬铁路上海联络线开工,次年12月4日通车,在沪宁铁路上设麦根路分路站作为起点

沪宁、沪杭甬铁路联络线第 12 号桥，因地处苏州河梵王渡而被俗称为梵王渡桥

第 12 号桥桥面

梵王渡站

铁路与道路的平交道口。其白色栅门方向在没有火车经过时与道路方向一致

徐家汇站

沪杭甬铁路上新建的龙华新站作为联络线的终点，是来往上海南、北两站列车的编组站（后改称新龙华站）

1916年4月沪宁、沪杭甬铁路管理局局长钟文耀调离后，由孙多钰代理两路局局长（8月间钟文耀回任）

1917年2月，江绍沅因钟文耀请假并调往北京政府交通部而代理局长一职

5月江绍沅患病去世，由周万鹏出任代理局长

1917年6月任传榜接替周万鹏担任局长，1920年10月调往交通部

赵庆华接任局长至1921年5月北调交通部（随后任传榜又回任局长，直到1924年10月卸任）

一度担任两路局机务处"帮机务总管"的闵孝威（机务总管均为英国人）

沪杭甬铁路车务副总管杨先芬

由津浦铁路抵达浦口的旅客可乘坐飞虹号渡轮前往南京下关换乘沪宁铁路

1918—1919 年间沪宁铁路孤树村站改名为栖霞山站

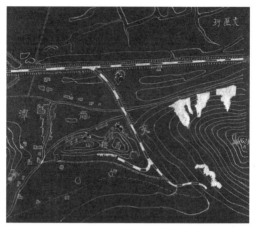

位于句容县龙潭镇的沪宁铁路中国水泥厂专用线平面图

停靠在中国水泥厂专用线上的列车

镇江站

镇江站站台

镇江站站台东端"去江边"的站牌指示通往长江码头的江边支线

镇江宝盖山隧道

宝盖山隧道东侧路段

镇江旗站站台

丹阳站

常州站

无锡站

望亭站边接送水路旅客的小船

苏州站

1920 年的苏州站外略显荒凉

昆山站

121

寓居上海租界的西方人前往青阳港赛船时，
船只和第 55 号桥上都挂上了彩旗

上海北站

北站站前

站房东侧区域到民国初年仍为空地

北站站场

北站站前的界路

北站照片被制成明信片

北站上的乘客

北站最北端的站台

上海北站东北角的淞沪铁路始发终到站房

界路上的中国运输股份有限公司铁路堆栈

沪宁铁路 221 DU 型机车

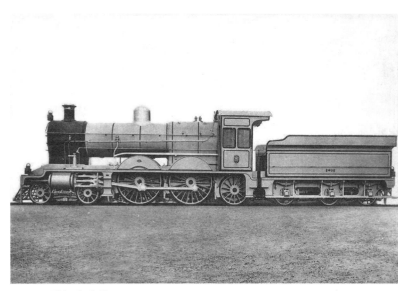

221 DU 型机车全貌

沪宁铁路 C 字号客运机车

沪宁铁路机车

牵引丙字 20 号机车的沪宁铁路特别快车

牵引货车的沪宁铁路乙字 9 号机车

沪宁铁路列车

沪宁铁路三等客车内景

狭小的客车车窗

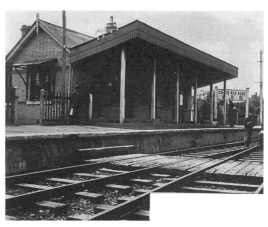

淞沪铁路张华浜站

吴淞机厂工人住宅

淞沪铁路吴淞镇附近正在倒推车厢的机车

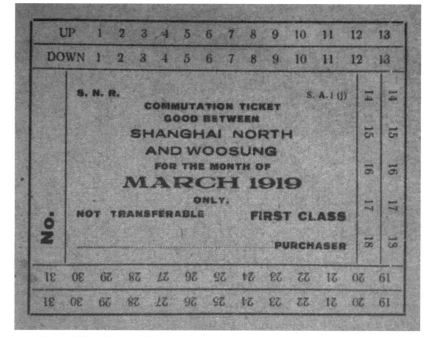

1919 年 3 月淞沪铁路上海北站至吴淞镇站的来回票

沪杭甬铁路上海南站

上海从南站人行天桥上向东拍摄的机车房、水塔等车站建筑

每年春季龙华香汛期间客车不敷,路局遂用牲口车运送大批上海城内游客来往于上海南站和龙华站

莘庄站站牌

沪杭段第 31 号桥(斜塘桥)东西两侧的拱形桥孔因水流湍急而被堵塞

枫泾站

嘉善站

1912—1914 年间的嘉兴站,照片拍摄于 1909 年建成的木质人行天桥上

嘉兴站站台和站房

沪杭甬铁路界石，"SHNR"即 Shanghai–Hangchow–Ningpo Railway

1918年，天桥南移并改为钢结构

硖石站

拱宸桥站

拱宸桥站站外京杭运河畔的铁路码头

129

杭州城站站前广场

艮山门站

南星站

杭州车辆修理厂

闸口站

闸口机车房(俗称龙头房)全景之一

闸口机车房之二

大部分运往内陆的货物在此(闸口货栈)装船进入钱塘江

1913年德国汉诺威的哈诺马克（Hanomag）公司为沪杭甬铁路制造的机车

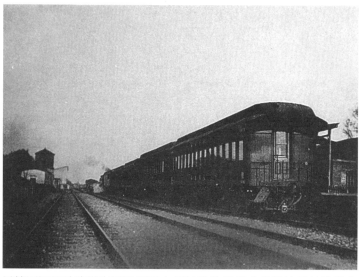

尽管原江墅铁路拱宸桥站至艮山门站的路段已成为沪杭甬铁路的支线，但每天仍开行来往闸口站的列车

江墅铁路机车

运行在沪宁、沪杭甬铁路上的列车

巴家饭店（亦称德国客栈）于1919年被改为莫干山铁路旅馆

1915 年袁世凯亲信、上海镇守使郑汝成被革命党暗杀后,其灵柩于 11 月 21 日在上海北站被搬上列车北运

1915 年 7 月 17 日,浙江巡按使屈映光一行在上虞县百官镇的龙山上视察曹娥江桥

傅秉常于 1916 年进入两路局担任铁路测量队队长,1919 年作为中国代表参赞参加巴黎和会

为响应五四运动,1919 年 6 月 9—10 日沪宁(含淞沪)、沪杭甬铁路工人举行大罢工

郑振铎从交通部铁路管理学校毕业后于 1921 年春被分配到两路局工作,后经加入上海共产党早期组织的沈雁冰推荐进入商务印书馆担任文学编辑

1921 年 7 月 23 日，中国共产党第一次全国代表大会在上海法租界望志路 106 号开幕

7 月 30 日晚，大会因法租界巡捕袭扰会场被迫中断。8 月 3 日 7 时 35 分许，部分一大代表在上海北站乘坐第 104 次快车前往嘉兴。因此，沪杭甬铁路成为中共一大顺利闭幕的关键

这部旅行指南由沪宁、沪杭甬铁路管理局于 1921 年间采编、1922 年 1 月出版，是反映铁路和嘉兴城相关信息的最可靠史料

沪杭甬杭沪线行车时刻价目表

该旅行指南上刊载的 1921 年火车时刻表与价目表显示，第 104 次快车分别从南、北两站发车，8 时 15 分在龙华新站合组成一列车

一部分代表有可能从上海南站上车

1921 年的嘉兴站

嘉兴站进、出站口的雨篷下悬挂来往沪、杭两个方向的指示牌。从"往杭州过悬桥"的牌子可知中共一大代表是在岛式站台下车,通过人行天桥至侧式站台,然后出站

嘉兴站站房正面(站前桥梁于 1920 年春改建)

改建前的站前桥梁。桥下的河道由浙路公司开挖，北岸是由该公司
建设的进城道路，南岸的道路于 1922 年春开工建设

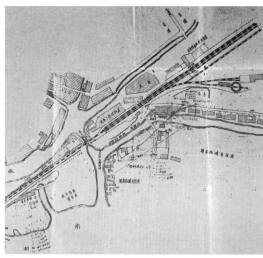

嘉兴站及周边地区平面图

中共一大代表途经宣公桥（该照片拍摄地）至狮子汇渡口，
再乘船通过沪杭段第 80 号桥前往南湖继续召开会议，最终
完成了大会的全部议程，庄严宣告中国共产党的诞生！

〉〉 第四章　曲折

第一节　动荡

1924 年 8 月江浙战争爆发前夕，军队所经地区稍有身家的民众纷纷乘车抵达上海北站，寻求避难

1924 年 1 月，镇江各界在镇江站欢迎江苏省省长韩国钧。此时江苏督军齐燮元与浙江督军卢永祥之间的战争已箭在弦上

与此同时，大批民众聚集在上海北站准备逃离上海

逃难民众试图用暴力挤入沪宁铁路昆山站上本已十分拥挤的火车。各地的火车站大门敞开，慌张的民众到处狂奔，苏州人逃往南京，南京人逃向苏州

8月26日沪杭甬铁路货车行驶至嘉兴、王店两站之间时，因钢轨遭人为破坏而出轨倾覆

8月31日，逃难的民众在苏州站冲向开往南京的第一辆列车

大批逃难的民众在苏州站挤上列车

集中于南京的苏军（齐燮元部）在沪宁铁路南京站装运飞机，准备开往前线

装甲车开进无锡站

运兵列车经过苏州站时的混乱场景

8 月 29 日晚,一批民众在苏州被抓后用货车运至昆山为苏军做苦工

苏军强征苏常地区的民众运往昆山补充兵员

8 月 29 日晚,一列货车到达昆山站,车厢里都是从苏州运来为苏军服役的壮丁

8月31日上午，苏军把强征来的壮丁赶下车，集结在昆山站上

苏军士兵在昆山站天桥上警戒

苏军驻扎在昆山站

浙军（卢永祥部）士兵在上海附近的某车站

浙军在黄渡附近沿沪宁铁路向苏军阵地进军

中路浙军集中于黄渡站。由于军车来往频繁,从上海开出的普通列车只能到达该站

9月初北站前的万国商团士兵

因战事临近,万国商团(Shanghai Volunteer corps)的外籍士兵按上刺刀在上海北站的出入口实施警戒

9月间,日本海军陆战队在靠近虹口的淞沪铁路天通庵路段布防

驻扎在上海北站的浙沪联军(9月11日前后)

9 月 3 日江浙战争爆发，苏、浙两军在沪宁铁路黄渡站西的第 24 号桥（跨盐铁河）对峙。此处成为两军的分界线和激战地

桥东岸的浙军战壕

铁路旁的浙军战壕

子弹、粮食等军用物资从上海运往前线，重要物品由浙军士兵搬运，普通物品则由壮丁搬运

驻守黄渡的浙军在铁路旁用重炮轰击苏军

黄渡站为浙军的第一道防线,两座站台及站旁柳树中均布满营地

黄渡站前的浙军炮兵
阵地

浙军在黄渡站做
饭

黄渡站和一列弹药车的远景（左）；浙军用小船将战死者的遗体运到铁路上，再运往南翔放
入棺材埋葬（右）

浙军在黄渡站装运子弹

浙军士兵和壮丁在炮火下的黄渡站站台装运弹药

被浙军控制的黄渡站扳道工等三个站员蹲在地上待命

浙军官兵在黄渡站

一名少年士兵在某站站台上

沪宁铁路南翔站上的运兵列车

《大陆报》（The China Press）摄影记者塔波特·帕特里克（Talbot Patrick）派该报报童乘机车前往南翔

南翔站站台上的一处用稻草遮盖的隐蔽工事，里面有军服、军帽和弹药箱（左）；南翔站站台，远处是即将驶往黄渡的列车（右）

南翔站上的浙军炮兵

南翔站的一名伤兵即将被送上火车

在南翔站休整的军队

苏军在9月上旬一度战败，其战俘被浙军用客车押往后方

浙军士兵押送一车苏军战俘

苏军警备队在沪宁铁路昆山站
候车回防

浙军士兵看守沪宁、沪杭甬铁路联络线第12号桥（梵王渡桥）

浙军进入沪杭甬铁路闸口站

浙军官兵在闸口站准备上车

战争期间沪宁铁路中断，群集在上海北站的民众无法回乡

9 月下旬与苏军同属直系的闽军（孙传芳部）逼近杭州时，浙军在城站站台上有秩序地候车北撤龙华（左）；浙军最优良的一批战马被装上火车运往上海（右）

9 月 24 日浙军在撤退途中炸毁了沪杭甬铁路沪杭段第 31 号桥（斜塘桥）

第 31 号桥的桥身遭到严重破坏

9月26—27日，沪杭段第34号桥（圆泄泾桥）桥面也被破坏，至11月初仍未修复

10月初闽军占领杭州后，一名哨兵在站台上执勤，列车正在等待闽军上车开往嘉兴（左）；闽军即将开往嘉兴前线与浙军继续作战（右）

闽军在沪杭甬铁路杭州城站（左）；闽军的一名士兵（右）

起初不愿意被拍照的闽军官兵（左）；即将离开闸口站的列车带着闽军的第一批士兵开赴嘉兴（右）

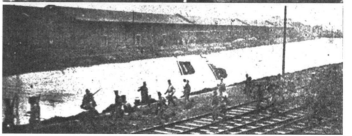

浙军士兵撤退到上海北部

从前线撤离的浙军簇拥在机车上

浙军撤退场景（上）；浙军撤离上海北站（中）；湖北军队从黄渡进抵北站（下）

战争期间，上海公共租界工部局在上海北站斜对面的北河南路、宝山路、界路的路口建起碉堡和铁门，以备必要时可以断绝交通

万国商团的苏格兰籍士兵守卫在北站站前的克能海路

9月中旬守卫在沪宁、沪杭甬铁路联络线第12号桥南堍的极司菲尔路道口的英国海军士兵

在上海北站货栈前的北浙江路上守备的万国商团的苏格兰籍士兵

防守沪宁、沪杭甬铁路联络线的英国海军士兵

难民在通过两路联络线平交道逃入租界时，都要被英国海军和中国志愿者及其翻译搜身

战后沪宁铁路第 24 号桥基石上残留的杂物

为"保卫"租界，一支日本海军的分队登陆后在虹口附近的淞沪铁路旁扎营

沪宁铁路无锡附近的子弹车失火焚毁

无锡站货栈被过境军队烧毁

1925 年 1 月 29 日,在江浙战争中失败的卢永祥指挥奉军沿沪宁铁路南下,趁齐燮元、孙传芳的江浙联军退出上海之际抵达上海北站

1924 年 12 月,沈成杙接替吴梦兰担任局长(次年 4 月复由任传榜接任至 1927 年 2 月)

1925 年,外籍乘客于上海北站合影

155

占领上海北站的奉军正在操练。此后，奉军盘踞上海并实施军事统治

2月初"江浙和约"签订后，沪宁沪杭甬铁路管理局得以在4月5日举办植树活动

1924 年 11 月,沪杭甬铁路沪杭段第 34 号桥因受损严重而以临时性木桥代替,至次年 4 月 14 日钢桥修复完毕,但修复后东、西两桥的钢梁已明显不同

1925 年五卅惨案发生后,6 月初,全国铁路总工会和上海总工会委派共产党员彭干臣到沪宁、沪杭甬铁路开展工人运动

各国驻京公使团迫于北京政府外交部的抗议而派出"六国委员团"。6 月 10 日上午,"六国委员团"到达上海北站准备对五卅惨案进行调查

1925 年 5 月,两路局在沪杭甬铁路宁波站的侧线上试用水泥轨枕

1925 年 9 月,江浙两省官绅请求两路局新建的沪杭甬铁路沪杭段第 43 号桥竣工,解决了清末铁路建设时堵塞屠家村港而引发水患的问题

1925年10月15日浙奉战争爆发当天,驻沪奉军第20师(邢士廉部)乘车向沪宁铁路苏州、常州方向撤退

奉军在上海北站乘坐沪宁铁路列车撤出上海

撤退时经过沪杭甬铁路上海南站的奉军追击炮队

10月16日直系孙传芳指挥的浙军先锋队抵达上海北站

到达北站的浙军

浙军第十混成旅第二团的机关枪连抵达北站

1925年10月16日下午3时,隶属淞沪警察厅厅长常之英的奉军第3旅(张宗昌部)宪兵约200人准备乘车撤往苏州时被开抵北站的浙军缴械

抵达上海北站的浙军不作停留，随即候车向西追击奉军

浙军在北站设"招兵处"征召新兵

此时北站的客货运输再度停顿，大批旅客无法离开上海

上海北站的纷乱场景

公共租界工部局在界路上布置了可移动的铁丝网,旅客只能挨个出入上海北站

万国商团士兵和中国警察在上海北站西侧的沪宁铁路货栈前(拍摄时间不详)

1926 年 3 月 10—11 日,宋庆龄等国民党代表乘坐沪宁铁路专车前往南京为中山陵奠基

专车上的部分招待员

1926 年 3 月,沪杭甬铁路慈溪站的侧线上也铺设了水泥轨枕

1926 年 7 月，上海附近的一座铁路桥上的枕木因列车超载而被压断(上)；7 月 10 日，寓沪西人的汽车在沪宁、沪杭甬铁路联络线的大西路平交道上被火车撞飞(下)

1926 年 9 月 5 日，沪杭甬铁路的两列火车在嘉兴站相撞

10月22日清晨，一列从南京开往上海的快车因钢轨被拆而出轨，导致一名士兵死亡，司机和两名伙夫受伤，无旅客伤亡

1926年10月21日夜，中共党员王再生等人按照中共上海区委的要求破坏了沪宁铁路镇江以西高资站附近的路段，以配合23日发动的上海工人武装起义

两节倾覆的三、四等客车车厢　　　　　两路局员工前来调查

事故发生 24 小时后轨道清理完毕，列车恢复通行

1926 年 10 月沪杭甬铁路新龙华站旁的兵站办事处

机车和头等车都倾覆在路基旁积水的取土坑里（上）；客车车厢、守车在事故中被甩出铁路（中）；为了修复扭曲的钢轨，维修人员把车厢推入取土坑（下）

1926 年 11 月 7 日京剧演员梅兰芳（▽）到达上海北站，受到各界的热烈欢迎

五省联军总司令孙传芳在上海北站（1926年）

1926年10月16日,浙江省省长夏超宣布浙江独立并加入北伐行列。此后五省联军迅速占领沪杭甬铁路松江站,夏超军队撤退

夏超军队在嘉兴战败的次日(10月22日)抵达沪杭甬铁路杭州城站后携带什物逃散

10月23日,五省联军第11混成旅步兵团(宋梅村部)追击至城站,同日将夏超逮捕并杀害

五省联军第15旅在城站前广场上休息

孙传芳委任的浙江省省长陈仪于 10 月 31 日抵达杭州，出站后骑马前往省公署

10 月 24 日沪杭甬铁路恢复通车，大批旅客在杭州城站候车

1926 年年底，沪宁铁路全体查票员欢送请辞的车务总段长克兰丁练（R.Glendinning）回英国

1926 年 12 月 29 日五省联军浙军总司令孟昭月（右上）进驻杭州，企图阻挡国民革命军北伐，紧张的局势促使大批民众聚集到杭州城站候车逃难

停在沪宁铁路南京路段上的奉军装甲车（1926、1927年之交）

1927年2月14日，中共杭州地委发动杭州工人起义，中共杭州小组创始人、闸口机厂工人沈干城率铁路工人纠察队袭击被国民革命军击败的五省联军

2月17日，五省联军退回杭州后在杭州城站外聚集，他们发现已经没有火车可以逃离杭州，于是开始抢劫

2月18日，城站办公室被洗劫

国民革命军进攻杭州时，一群人在城站月台上看着五省联军的最后一批官兵举枪齐射后撤离

站台上一片残骸

五省联军遗留在杭州城站站台上的垃圾和废弃物，其中有一个小口径榴弹炮的炮筒，其炮架已经被破坏

闸口机厂门卫沈乐山于1927年1月加入中国共产党后，根据中共杭州地委要求配合国民革命军攻克杭州、嘉兴

2月24日，直鲁联军第8军军长毕庶澄（左）抵达上海时与该部参谋长在上海北站合影

毕庶澄的专列停靠在北站，由撑伞的哨兵守卫

1927年2月27—28日,直鲁联军陆续抵达沪宁铁路麦根路货站,迎战进攻上海的国民革命军

直鲁联军雇佣的白俄士兵

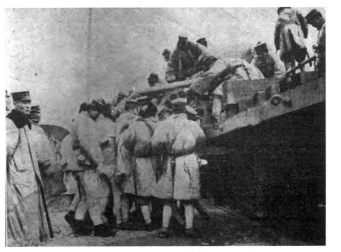

1927年3月7日,直鲁联军的长江号装甲车抵达上海

大批军械由沪宁铁路列车运抵上海

长江号装甲车

由白俄士兵操控的装甲车

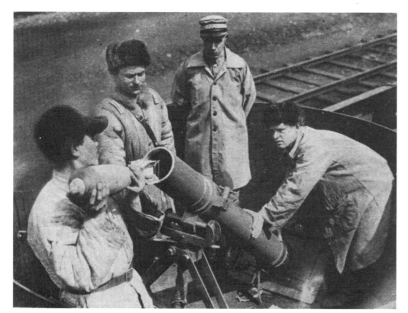

白俄士兵在装甲车上装填迫击炮炮弹

1927 年 3 月 11 日，蒋介石委任其同乡孙鹤皋出任沪宁、沪杭甬铁路管理局局长

国民革命军占领沪杭甬铁路松江站

英国军官监督印度籍工兵在极司菲尔公园英国兵营附近的沪宁、沪杭甬铁路联络线旁构筑机关枪阵地

国民革命军进攻上海之际,直鲁联军的官兵慌忙逃跑,火车头上也挤满了人

白俄士兵在直鲁联军撤退时被推下列车

171

1927年3月21日，参加上海第三次工人武装起义的工人便衣队进攻盘踞北站的直鲁联军，停在站内的装甲车被击毁

中共江浙区委书记罗亦农与周恩来、赵世炎一同领导工人起义，并指挥起义部队夺取北站

率领铁路工人参加起义的中共吴淞机厂党支部书记孙津川

上海第三次工人武装起义以北站屋顶升起红旗宣告成功。次日（3月22日），国民革命军进抵北站

北站的直鲁联军在用尽弹药后投降（上）；北站机车房在遭战火破坏后突然倒塌（下）

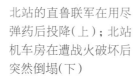

缴械后的直鲁联军聚集在站前广场上

占领上海北站的国民革命军

3月22日当天下雨,进驻北站的国民革命军第一团机关枪队官兵都用国产雨伞遮雨

直鲁联军未及运走的大炮

国民革命军前锋在上海北站检查直鲁联军遗留的枪械

直鲁联军遗留在上海北站的大炮

装甲车满载酒水、食物，足见直鲁联军的嚣张气焰

国民革命军缴获的长江号装甲车

国民革命军克复上海的当天（3月22日），沪杭甬铁路总工会在杭州宣告成立，中共党员、笕桥站站长薛雨霖（即薛暮桥）与沈干城、沈乐山一同担任执行委员

3月22日，无锡民众在无锡站广场欢迎国民革命军第14军并举行军民联欢大会

在南京被俘的直鲁联军官兵在某站站台上

上海北站外未清理的装甲车残骸

军车驶过沪杭甬铁路上海附近的平交道

中山第一号在之后的作战中与机车相撞

北伐军把缴获的长江号改为中山第一号

国民革命军将宣传标语涂在沪宁铁路南京站的雨篷上

"四一二"反革命政变爆发后，国民党浙江省党部（左派）的领导人、共产党员宣中华于4月14日化装成列车长秘密离杭赴沪，但在龙华站被国民党逮捕，17日壮烈牺牲

在上海北站内庆祝沪宁铁路车务工会成立横幅的上方，是一张国民革命军第26军政治局发布的英国士兵屠杀中国人民的反英宣传画

1927年，蒋介石发动"四一二"政变后大肆屠杀共产党人，在南京领导铁道队党团组织的姚佐唐积极营救李大钊等一大批革命同志

北站内张贴的一张关于五卅惨案的反帝海报（1927年6月）

国民党党员柳伯英、汪伯乐、唐觉民于1926年12月被军阀杀害于南京，次年6月22日灵柩运回苏州时各界代表在站台上迎接

1927 年 7 月 18 日,民众在沪杭甬铁路松江站吊唁北伐军的阵亡军官

由于国民政府拒绝归还迫降的英国飞机机翼,1927 年 8 月 17 日下午驻沪英军占领了沪宁、沪杭甬铁路联络线梵王渡站,并拆除了极司菲尔路平交道南端的钢轨

此举使得国民革命军的列车无法从南京开往浙江

钢轨和枕木被扔在路基边的取土坑里

两名国民革命军士兵在梵王渡站被英军逮捕并押至站北的第12号桥桥上

英军在极司菲尔路平交道旁构筑的防御工事前站岗

1927年8月26日，孙传芳部渡过长江占领沪宁铁路龙潭站，国民革命军随即反攻，龙潭战役在铁路沿线地区爆发

8月28日战争期间，下蜀至龙潭两站间的路段发生列车撞车事故

179

列车撞车事故现场

沪宁铁路恢复通车后客车拥挤不堪，路局不得不用货车运送旅客

"宁汉合流"后，1927年9月中旬国民党中央特别委员会各委员抵达沪宁铁路南京站

1927年9月，被推举为国民政府主席的谭延闿乘坐沪宁铁路列车前往南京

1927年10月初,沪宁铁路常州站的人行天桥上装起彩布欢迎国民革命军第一路总指挥何应钦

1927年10月9日,国民党浙江省党部等团体在沪杭甬铁路杭州城站欢迎来杭就任浙江省政府主席的何应钦

1927年11月12日,上海北站举行孙中山铜像奠基仪式

孙中山铜像奠基石

第二节　回归

1927 年 4 月南京国民政府成立后沪杭甬铁路新购买的机车　　新机车局部　　　　拖载客车的机车

新购买的沪宁铁路二等客车车厢内部　　　　餐卧联合车　　　　　　三等客车

沪杭甬铁路公事车

拖载区间车的机车

调车用的机车之一

调车用的机车之二

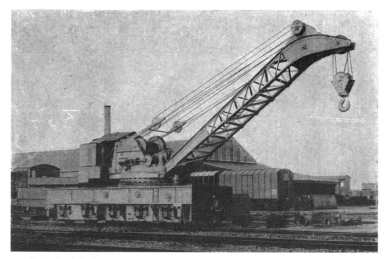

35 吨救险吊车之一

35 吨救险吊车之二

南京国民政府成立后的 1927 年 5 月，李垕身出任沪宁、沪杭甬铁路管理局局长，至 1928 年 11 月因病辞职

1927 年 9 月 13 日（农历八月十八），乘坐观潮专车的旅客在沪杭甬铁路斜桥站下车前往海宁县城盐官

两路局在盐官设置"铁路围场"供旅客观潮

江苏省政府在 1927 年 10 月 16 日就向国民政府提出了收回沪宁铁路路权并建设复线（时称"双轨"）的请求

1928 年 4 月 5—9 日中国旅行社与两路局合作开行的杭州游览专车

杭州游览专车车厢

杭州游览专车停靠在车站上

1928 年 12 月，国民政府铁道部管理司司长蔡增基出任两路局局长，主持与英国交涉收回沪宁铁路路权的工作，1929 年 8 月因被铁道部派往欧洲而卸任

1929 年 6 月，国民党在两路局设置的沪宁、沪杭甬铁路特别党部通过其执行委员会发表文章，向全体员工宣传收回路权的意义

路权收回后洋总管等大批英籍职员被辞退，养路工程司德斯福（Ivax.Tuxford）留任

1929 年沪杭甬铁路的豪华头等客车，长 21 米，只能乘坐 16 人

1929 年 3 月 28—31 日开行的中国旅行社杭州游览专车

1929 年 4 月两路局在沪杭甬铁路余姚站外种植的橡树林

胡继贤于 1929 年 9 月出任两路局局长，10 月 18 日沪宁铁路改称京沪铁路

京沪铁路上的护路装甲车队，其"先锋车"上装有高射炮

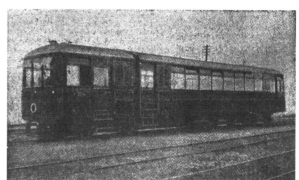

1929 年两路局向英国采购了 5 辆客运"蒸汽车"投入淞沪铁路的运营，借此与上海公共汽车争夺客运市场

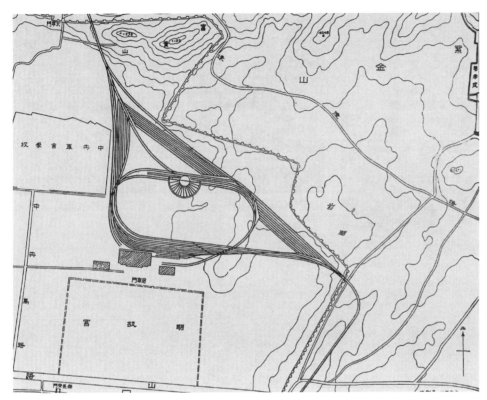

在1929年12月公布的《首都计划》中，南京明故宫以北、城墙以南区块将建设明故宫火车总站

南京明故宫火车总站建筑设计意向图

刘维炽接替胡继贤担任两路局局长，至1931年4月调离

187

1930年2月24日，两路局举行了新任局长刘维炽的就职仪式

蒸汽车4月1日起开行，每天往返74次，极大程度上便利了吴淞、江湾与上海之间的往来

1930年3月30日，两路局在淞沪铁路炮台湾站举行蒸汽车开通典礼

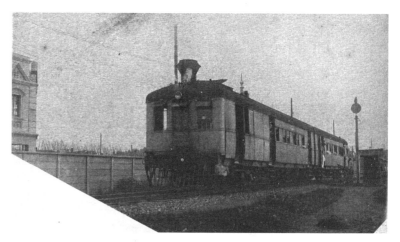

这是当时中国国内的第一辆蒸汽车，时速72公里，每辆车有129个三等座和14个头等座

1930年,两路局对上海北站大楼外墙进行了修缮

为适应南京成为国民政府首都后的运输需求和形象需求,1930年11月两路局对南京站实施改扩建,次年竣工,站房上的大字为"南京下关车站"

Kaochingmiao Station.

站廟境高④

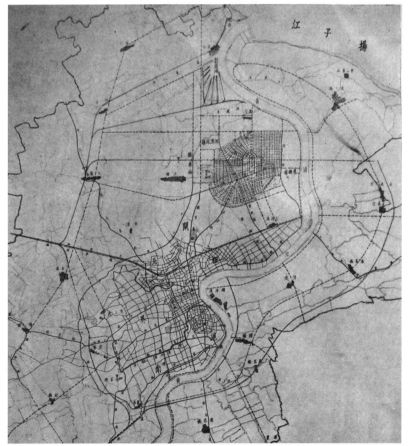

1930年5月,上海市政府正式启动"大上海计划"的规划编制工作,计划将京沪、沪杭甬、淞沪铁路进行大规模的改造,并新建通往吴淞新港和浦东的铁路

1926年3月,淞沪铁路在高境庙设临时车站,1930年建正式站房

计划在市中心区域西侧建设的上海总车站的建筑意向图

1930 年 7 月起，无锡站等京沪铁路车站站牌加标汉语注音符号

1930 年 12 月京沪铁路新引进的英制太平洋机车运抵吴淞

沪杭甬铁路杭州城站站牌上的注音符号

机车尾部

太平洋机车

1930年12月30日,两路局在上海北站举行了太平洋机车试运行典礼

各界参观者合影

太平洋机车(上左);参加典礼的刘维炽(上右)和美国芝加哥铁路董事长贝伦(下左);列车抵达京沪铁路昆山站,试运行圆满结束(下右)

191

应上海市政府关于降低淞沪铁路对宝山路交通阻碍的请求，1930年12月13日两路局开始拆除淞沪铁路宝山路平交道的部分轨道

淞沪铁路上海始发站迁建至宝山路以东，1931年4月1日宝山路站竣工

从淞沪铁路虬江路平交道西望宝山路站和远处的上海北站大楼

1930年12月，位于杭州闸口江干的沪杭甬铁路码头开工

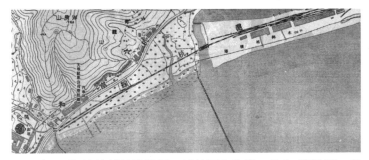

1931 年 2 月,沪杭甬铁路从闸口延伸至六和塔二龙头,建设了一条长 500 余米的货运专线,客车仍以闸口站为终点

六和塔脚下的铁路

1931 年 1 月 15 日,两路局召集铁路沿线各有关工商团体举行的商务会议开幕,会议旨在促进铁路经济的发展

1931 年 4 月 27 日,两路局会计处职员欢送英籍处长兰克斯德(W. O. Lancaster)回国

民國二十年四月念七日淞滬杭甬鐵路會計課同人歡送蘭克斯德課長回國紀念

Audit & Accounts Department, Nanking-Shanghai & Shanghai-Hangchow-Ningpo Railways

Taken on the 27th April 1931 in commemoration of the retirement on the 1st May 1931 of Mr. W. O. Lancaster, Chief Accountant.

兰克斯德为前排左八

1931 年 4 月，罗泮辉就任
两路局局长，7 月卸任

京沪、沪杭甬铁路第五护路装甲车队

1931 年 7 月 24 日,连日大雨导致京沪铁路镇江宝盖山隧道东口外山体滑坡并阻断铁路,两路局随即雇工清除泥沙

为防止塌陷,工程人员用木架将隧道洞圈支撑住

位于沪杭甬铁路嘉善、嘉兴两站之间的七星桥站于 1931 年 8 月 15 日投入使用

1931 年 8 月,郭承恩出任两路局局长,1932 年 1 月被撤职

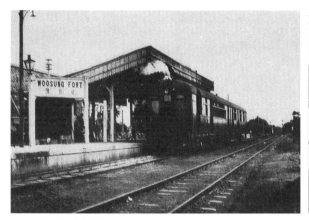

淞沪铁路炮台湾站

吴淞机厂

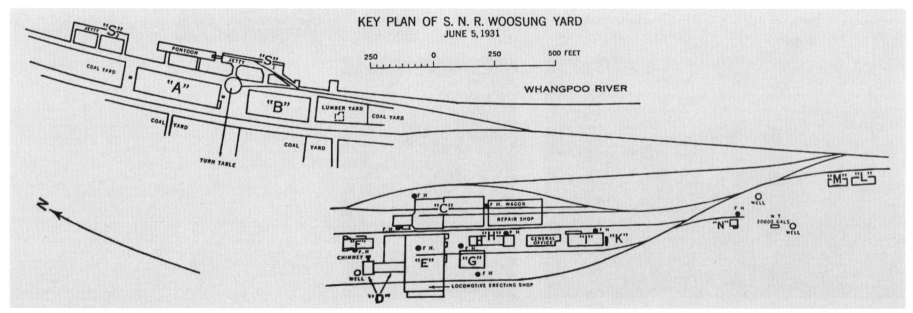

吴淞机厂和张华浜码头平面图

吴淞煤场内正在翻煤的工人

闸北水电公司高压线跨越淞沪铁路

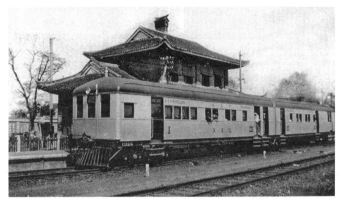

停靠在江湾站的蒸汽车

江湾站

上海法学院校门外的淞沪铁路

197

淞沪铁路江湾沿线

虬江路平交道

上海北站的站前花园

北站广场

上海北站旁的中国旅行社接送行李处

乘坐小汽车抵达上海北站的女士

两路局调度课

199

电钟路签

青阳港站（1930 年 9 月铁道部要求对恒利站进行改名）

青阳港畔的上海西人赛艇俱乐部

京沪铁路第 55 号桥（青阳港桥）

昆山站

苏州站站房与钢制雨篷

无锡至江阴的锡澄公路与京沪铁路交叉处

1930 年新建成的常州戚墅堰电厂至无锡的 3.3 万伏输电线路跨过京沪铁路

常州站

丹阳站站牌

已拆除复线的镇江宝盖山隧道

镇江站东端

拆除前

镇江站站内

京沪铁路镇江医院的隔离病房

南京站

京沪铁路三等车厢内景

京沪铁路二等车厢中正在写字的女童

京沪铁路南京附近的小道

沪杭甬铁路上海南站

龙华站

沪宁、沪杭甬铁路联络线
梵王渡路平交道的看守
屋（左）与梵王渡站的信
号标志（右）

莘庄站

沪杭甬铁路列车内景象

嘉兴站

沪杭甬铁路列车由西往东驶入硖石站

长安站

临平站

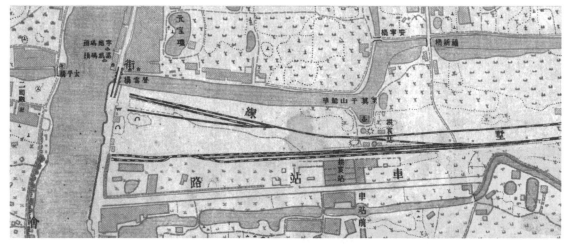

江墅铁路终点

杭州城站

1931 年，杭州市政管线在穿越沪杭甬铁路施工时安置套管，以便修理

沪杭甬铁路三等车厢内的拥挤场景

列车从杭州城站驶往闸口方向

城站南侧的洋房用水泥板隔音

南星站

闸口末端鸟瞰

曹娥江桥仍未复工

207

1928年1月，沪宁铁路南京站站内拉满横幅，欢迎参加国民党第四次中央执监委员会议的人员

1928年4月29日，万国商团（Shanghai Volunteer Corps）炮队在淞沪铁路炮台湾站下车

1928年5月日军制造济南惨案后，浙江大学劳农学院的学生组织"反日运动宣传队"乘火车到达嘉兴宣传抗日

宣传队在嘉兴站站台上合影

1928年6月10日,上海举行学生军大检阅。学生军在淞沪铁路江湾站上车,至沪杭甬铁路上海南站下车

1928年6月,直鲁赈灾委员会调查组从上海出发抵达沪宁铁路南京站,准备继续北上

1928年10月1日乘坐沪杭甬铁路观潮专车的暨南大学校长郑洪年(上图右)等一行

1928 年 10 月 10 日，沪杭甬铁路上海南站搭建的庆祝双十节彩牌楼

上海北站搭建的彩牌楼，时人认为乃辛亥革命"十七年来第一遭"

淞沪警备司令部政治训练处在上海北站站内立柱上绘制的宣传标语，足见国民党对党国意识形态的宣传、灌输已十分普遍

1929年5月17日,陈英士铜像的制作者江小籍、张辰伯及随行人员护送铜像从上海运抵杭州

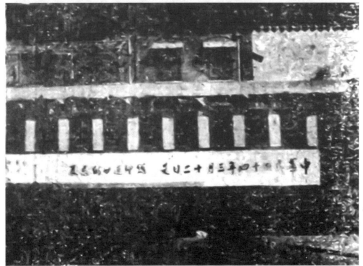

为迎接1929年6月1日在南京举办的孙中山奉安大典,5月27日总理迎榇宣传列车从杭州驶抵上海南站

5月28日，宣传列车驶离上海北站开往南京

宣传列车抵达南京站

1929 年 7 月 20 日，上海新闻界燃放鞭炮欢送前往杭州采访西湖博览会的记者团

上海新闻记者团抵达杭州城站时与欢迎者合影

记者团离开城站前往西湖博览会会场进行采访

213

采访完毕后，上海新闻记者团于 7 月 26 日在杭州城站站台上候车回沪

1929 年 8 月下旬，暨南大学学生李胎芬在沪宁铁路真如附近被火车碾毙的惨状

1929 年 8 月 31 日，镇江市建设局的汽车在沪宁铁路平交道上与特别快车相撞

在提倡国货、抵制洋货的声浪中，1929 年 9 月 5 日，苏州国货救济会在苏州站迎接上海提倡国货参观团

同日，参观团抵达京沪铁路镇江站时也受到了当地人士的欢迎

1929 年 9 月下旬，张道藩（6）等一行赴海宁观潮后在沪杭甬铁路斜桥站送古应芬夫人（2）回广东

215

1929 年 12 月上海北站外的标语——"要雪国耻先要识字"

1929 年双十节，上海北站广场上搭起了彩牌楼

1929 年 10 月 6 日，日本新任驻华公使佐分利在上海北站登车前往南京递交国书

京沪铁路黄渡站站西 26 公里处的轨道被不明身份者拆除,导致 1929 年 12 月 9 日凌晨 3 时 15 分第 29 次上行货车出轨

1930 年 2 月,旨在走遍全国、采风问俗的全国步行团团员在上海北站售票处前集合待发

从步行团在北站拍摄的照片中可见站内的栅栏尚为竹制

1930 年 4 月 11 日,上海市民提倡国货会前往镇江参加江苏省省会国货展览会,经过京沪铁路镇江站时受到了当地人士的欢迎

上海市民提倡国货会到达南京站前往南京国货陈列馆参加开幕式

1930年4月1日，国民政府举办的首届全国运动会在杭州开幕。赛前上海特别市运动员乘专车出发

4月11日闭幕后，运动员在沪杭甬铁路杭州城站乘车返回上海

刘长春返沪时在松江站留影

1930年4月，江苏省立民众教育馆工作人员乘坐京沪铁路列车前往沿线地区开展宣传工作

江苏省立民众教育馆的工作人员把宣传周陈列品搬上货车

1930年4月，参加日本远东运动会的运动员抵达京沪铁路苏州站并游览苏州

1930年5月19日，近卫文麿（右，即1938年发表"近卫声明"者）在京沪铁路南京站下车，与日本驻南京总领事上村伸一（左）一同前往中山陵拜谒

1930年6月28日，中国青年亚细亚步行团团员在上海北站站台集结，计划绕行亚洲一圈，借此提振消沉的民族志气

中国青年亚细亚步行团从上海北站出发

1930 年 10 月 11 日，《文华》读者联欢会旅杭观潮团从上海北站出发

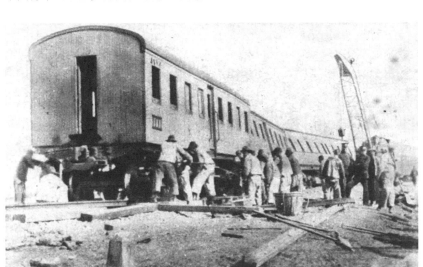

1930 年 11 月 20 日，由南京开往上海的第 20 次三四等慢车在安亭、黄渡区间出轨，幸无乘客受伤。次日晨，两路局雇佣百余名工人乘救险车前往修理，将倾倒的车厢用起重机调回原位

施工人员发现钢轨的螺丝钉被人撬走后随即进行修理

1930年11月24日,张学良夫人于凤至抵达上海北站

1930年12月3日,准备前往南京参观的英国远东经济考察团在沪杭甬铁路上海南站合影

1931年4月25日,钱壮飞获悉顾顺章叛变并掌握相关情报后,随即派人乘坐京沪铁路夜快车赴上海向周恩来指挥的中共中央各机关报告,为各机关的安全转移做出了重大贡献

1931年4月,上海商界各团体在上海北站欢送商界代表王延松入京出席国民会议

1931年7月23日国民政府财政部部长宋子文在上海北站遇刺时留在立柱上的弹痕

1930年，两路局在上海北站广场上圈起了建孙中山铜像的方形栅栏，但到1931年九一八事变爆发仍未树立铜像，此后再未付诸实施

1931年夏，交通大学大四学生组织"京沪路暑期实习团"在京沪铁路沿线各站实习

〉〉 第五章　震颤

第一节　烽火

10月14日被蒋介石软禁的胡汉民得到释放，当天便与新任京沪卫戍司令陈铭枢前往上海迎接粤方谈判代表，两人在南京站的列车车窗内与送行者谈话

1931年九一八事变爆发后，空前的民族危机使国民党宁粤对峙的局面出现缓和。前往广东接洽的陈铭枢（右）于10月12日回程时在京沪铁路南京站下车

胡汉民（右）与陈铭枢

10月15日，胡汉民抵达上海北站

国民党上海特别市党部人员在上海北站欢迎胡汉民

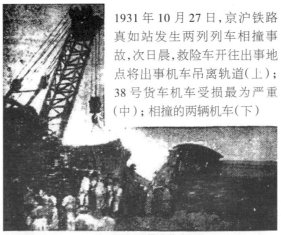

1931年10月27日，京沪铁路真如站发生两列列车相撞事故，次日晨，救险车开往出事地点将出事机车吊离轨道（上）；38号货车机车受损最为严重（中）；相撞的两辆机车（下）

1931年11月，在京沪铁路沿线进行救国演讲并散发特刊的上海报界工会反日宣传队抵达常州站

1931年10月，日军向黑龙江发起侵略攻势，上海义勇军响应黑龙江省政府代理主席马占山的抵抗号召，从上海北站出发加入抗日队伍

大批请愿学生
聚集在北站前

1931年11月24日，上海各大学、中学学生抗日救国联合会召集学生在上海北站候车，准备前往南京向国民政府请愿，要求出兵抗日

请愿学生因两路局拒绝开车而坐在轨道上阻止其他列车的开行

坐在轨道上的请愿学生

两路局调拨车辆使请愿学生分批上车

列车中的学生

11月，上海东南医科救护队在上海北站出发前往黑龙江前线

11月下旬，杭州学生请愿团乘车前往南京时经过上海北站

国民党粤方逼迫蒋介石下野后，其代表于12月17日乘车前往南京与宁方正式和解（左起为褚民谊、李文范、邹鲁、孙科、伍朝枢、曾仲鸣，车门口站立者为陈友仁，照片摄于沪宁铁路苏州站）

12月6日，"青年自动赴东北援马占山团"在上海北站集合出发

1931年12月间，南京站挂出了欢迎粤方首领汪精卫的横幅

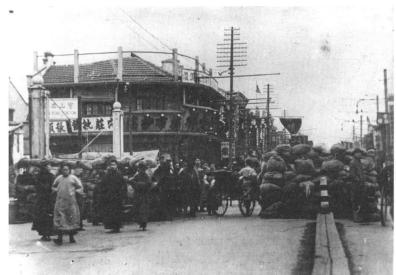

1932 年 1 月下旬，十九路军在淞沪铁路宝山路平交道(铁路在右图下方)构筑防御工事，应对随时可能爆发的战争

上海城南的沪杭甬铁路制造局路平交道也加设了防御设施

战略撤退前驻守在淞沪铁路天通庵站旁的十九路军士兵

我国警察在淞沪铁路平交道旁实施警戒，中日双方沿淞沪铁路形成对峙局面

1932年1月28日深夜，日本海军陆战队进攻淞沪铁路天通庵站，"一·二八"淞沪战役爆发。次日凌晨，日军的一辆装甲车率先侵占了该站

1月29日凌晨1时，日军进攻上海北站，两路局职工在枪林弹雨中乘车撤离并抵达京沪铁路苏州站

1月29日晨,十九路军第60师急速登车开往前线

29日14时,上海北站遭日军飞机轰炸,大楼中弹起火

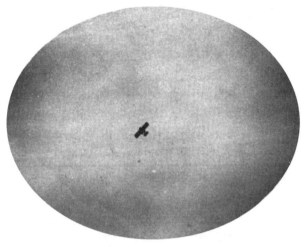

轰炸北站的日军飞机

燃烧中的上海北站大楼

火势减弱

起火20分钟后的大楼，驻守在楼内的许多我国士兵已牺牲

大火渐渐熄灭

1932年2月1日,铁道部任命陈兴汉为两路局局长,同时将未及时转移档案的郭承恩撤职查办

两路局材料处处长严家淦于2月15日被铁道部停职(1975年蒋介石去世后由其出任台湾地区领导人)

战争期间,车务处处长郑宝照承担了大量运输管理工作

驻扎在京沪铁路沿线的十九路军开赴上海前线

十九路军大刀队乘车前往上海

十九路军集结在京沪铁路南翔站整装待发

233

沿京沪铁路开赴前线的十九路军第 61 师

十九路军迫击炮队开往前线

十九路军军长蔡廷锴在沪杭甬铁路列车中

十九路军在京沪铁路桥上行军

《密勒氏评论报》(The China Weekly Review) 上的照片说明文字为蔡廷锴在京沪铁路昆山站观测飞过的一架日军侦察机

十九路军在上海北站西端设置的防御工事

设于北站东南、界路上的我军防线

在北站前的铁栅栏旁与日军作战的十九路军第 78 师第 156 旅第 6 团

在北站作战时负伤的宪兵第 3 连排长张国权

守备淞沪铁路的宪兵团(1 月 30 日左右摄)

上海北站前的界路人烟绝迹

1月29日，日本海军陆战队在淞沪铁路天通庵附近与十九路军激战

逃往租界的闸北居民经过北站广场

另一路日军在淞沪铁路宝兴路平交道作战

1月30日晨6时50分，日本海军陆战队第1大队第2中队第1小队侵占上海北站

日本海军陆战队盘踞在继续燃烧中的北站

十九路军在京沪铁路真如站架设了高射炮

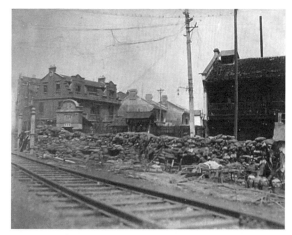

淞沪铁路旁的沙包工事

2月3日，日本海军陆战队第2大队第5中队在天通庵站站东准备实施突击，其背后不远处即为其虹口司令部

日本海军陆战队在天通庵站站前作战

日军停止作战后清理战场

日军对天空开枪，意图恐吓我军

在沪日本浪人引导日本海军陆战队通过淞沪铁路天通庵路平交道搜索我军便衣队

日本海军陆战队在淞沪铁路横浜路平交道旁作战

日本海军陆战队第1大队及其装甲车

上海北站附近的日军装甲车躲在沙袋工事内

日军装甲车向我军阵地进犯

配合日本海军陆战队作战的日本浪人在淞沪铁路平交道阵地上对空开枪

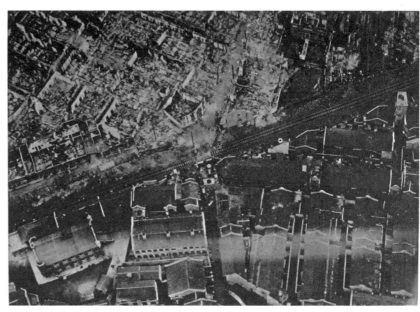

2月4日，日本海军陆战队在淞沪铁路东宝兴路平交道东侧与驻守在前方50米阵地上的我军作战

东宝兴路平交道以西的大片房屋被日军击毁

日本海军陆战队炮击我军

日本海军陆战队把日本国旗铺在东宝兴路平交道的铁路上，使同属海军的航空队识别其阵地位置

日军装甲车穿过淞沪铁路平交道

日本海军陆战队在淞沪铁路平交道阵地上与中国军队交战

淞沪铁路平交道旁的日本海军陆战队阵地

日机轰炸淞沪铁路虬江路平交道以东地区

日本北国新闻社的《上海事变画报》把日本海军陆战队在虬江路平交道作战的照片用作封面

落弹地点就在日军阵地（照片右下方）不远处

241

日本海军陆战队冲过虹江路平交道

2月4日本海军陆战队发起总攻时,其野战炮兵队在淞沪铁路旁炮击我军

日本海军陆战队下属的炮兵队在淞沪铁路天通庵附近作战

日军炮兵队在上海北站附近沿淞沪铁路进犯

日本海军陆战队向北站突击

日本海军陆战队在铁路边休息

2月5日，日本海军陆战队第3大队沿淞沪铁路进犯

从淞沪铁路远眺江湾路以北、虹口公园附近的大火

十九路军军长蔡廷锴（×）视察吴淞镇附近的淞沪铁路阵地

中国军队在淞沪铁路沿线地区赶筑工事

2月7日，日本陆军混成第24旅团在淞沪铁路张华浜码头登陆

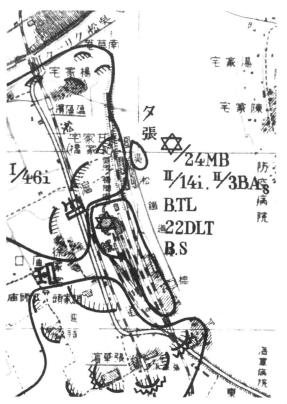

日军称张华浜码头为"吴淞铁道栈桥"

日军混成第24旅团将指挥部设在吴淞机厂内

该旅团沿淞沪铁路向中国军队发起侵略攻势

日军从张华浜码头仓库向蕴藻浜站和吴淞镇方向发起
进攻

中国军队埋伏在蕴藻浜站站外的路基边坡上

日本陆军混成第 24 旅团的野战炮兵队在吴淞机厂附近
的淞沪铁路旁炮击蕴藻浜北岸的吴淞地区

该旅团准备沿淞沪铁路向吴淞镇发起攻击

该旅团的机关枪队匍匐在铁路上，但枪口并未朝吴淞镇方向，
因此有摆拍的可能

这张译名为 2 月 7 日向吴淞镇进发的日军作战照
片，因其左侧有站立者，故亦有摆拍之嫌

沿淞沪铁路进犯的日军

日军骑兵队侵占淞沪铁路第 6 号桥后疯狂叫嚣

日军在吴淞机厂附近的淞沪铁路上行军进犯

吴淞镇站站旁的树倒在铁路上

遭日机轰炸的吴淞镇站

2 月 11 日，侵占吴淞机厂的日军举行纪元节遥拜天皇仪式

在纪元节上叫嚣的日军

2月14日，日本陆军第9师团登陆后侵入吴淞机厂

日军在吴淞机厂内巡逻

尽管张华浜码头以北至吴淞镇一带被日军入侵，但到2月中旬中国军队仍牢牢控制着码头以南的淞沪铁路军工路平交道

日军在吴淞机厂内堆放大批军用物资

2月14日日军在吴淞机厂内举行战死者的葬礼（左上）和入侵时最早被击毙的三浦上等兵告别式

日军在吴淞机厂的铁路上做饭

日本陆军混成第24旅团司令部下属的某步兵联队正在作总攻的准备

日军军官视察侵占吴淞
机厂的部队

盘踞在吴淞机厂的日军

日军在淞沪铁路张华浜站装载弹药

日军在淞沪铁路吴淞镇站附近运送物资

249

上海日本居留民团在淞沪铁路边为日军制作沙袋

日军收买寓沪白俄运送军需物资

上海日本居留民团成员与日本海军陆战队官兵在三义里附近的淞沪铁路宝兴路平交道

中国军队为防御日军南下而在淞沪铁路江湾附近构筑的阵地

中央铁甲车队随第5军出发增援

2月16日起，第5军第87师第259旅乘坐装甲车由京沪铁路增援淞沪战场

中央铁甲车队的炮车在京沪铁路上实施警戒

第5军作战时在京沪铁路南翔车站做饭

十九路军设在铁路旁阵地内的轻便快炮

中国军队沿铁路支援上海前线

中国军队沿铁路开赴前线挖掘战壕

在沪杭甬铁路上海段布防的浙江省保安队

驻防在沪杭甬铁路新龙华站附近的中国军队

驻防沪杭甬铁路梅家弄站的中国军队

第4军团总指挥蒋鼎文率部增援上海时在沪杭甬铁路嘉善站视察战备情况

中国军队在京沪铁路上抢运伤兵

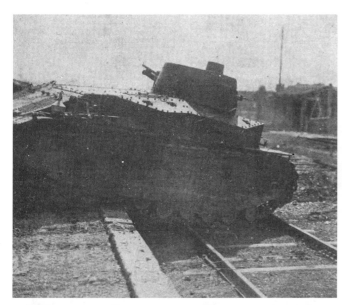

2月20日起,日军坦克车队沿淞沪铁路向我方进犯

2月21日,日军坦克车队碾压淞沪铁路江湾站并向劳动大学发起进攻

2月21日,日本陆军第9师团步兵第19联队第3大队担架队在江湾镇东的淞沪铁路平交道上演练战场救护

2月26日中国军队反攻上海北站后,日本海军陆战队于3月1日起再度进犯北站

日军攻占上海北站站东界路上的我军阵地

日军拍摄的界路阵地

3月2日，日本海军陆战队再度侵占上海北站

3月2日当天，日本海军陆战队将其司令部移驻北站站内。右起为陆战队司令植松练磨、海军第三舰队司令野村吉三郎、水雷战队队长有地十五郎以及其他幕僚

日本海军陆战队司令植松练磨等人在北站站台上接待来访的公共租界当局

日本海军陆战队在被破坏的上海北站站台上

盘踞在北站西端的日本海军陆战队

摄影师杰克·埃夫格雷夫（Jack Ephgrave）与日本海军陆战队士兵合影

3月2日，日本海军第三舰队下属的第一航空战队佐多小队轰炸京沪铁路第55号桥（跨青阳港），妄图切断增援淞沪战场的中国军队

桥中央中弹起火

255

日本陆军第9师团师团长植田谦吉（左二）视察某车站

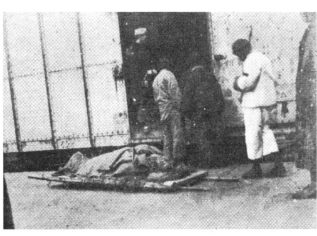

淞沪前线开来的军用列车抵达京沪铁路苏州站，站台上的医护人员随即将伤兵送往医院救治

日本《读卖新闻》自诩日军保护我国民众的照片更像是收押战俘

闸北民众带着所有财物逃离战区，经长途跋涉后在沪杭甬铁路旁的道路上休息

战区难民纷纷逃离上海，机车的煤水车上也挤满了人

车站上的难民

一辆机车突然驶抵京沪铁路真如站,难民随即蜂拥而上

在停战的四小时里,真如战区的难民纷纷爬上机车逃难

3月1日,日军在太仓七丫口登陆,太仓、昆山一带沿京沪铁路逃难的难民精疲力竭时在铁路旁的救助点饮水解渴

257

难民抵达苏州时，当地的红十字会在苏州站迎接、照料

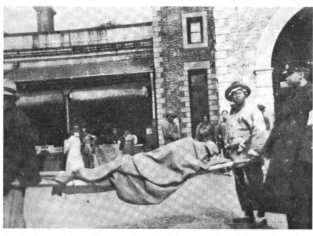

与登陆日军在太仓激战时负伤的我国官兵从前线运抵苏州站医治

我军战马被炸死在列车上

3月3日，日军第9师团步兵第19联队第3大队侵占京沪铁路真如站

日军步兵第19联队第3大队在真如站耀武扬威，铁路上是被破坏的货车

日军士兵驾驶轨道车经过真如站

日军在真如站卸载牲畜饲料

日军乘坐轨道车沿京
沪铁路进犯

3月3日,日军攻占京沪铁路南翔站,站内一片
狼藉

日军盘踞南翔站

259

3月6日，日本陆军第14师团在淞沪铁路张华浜码头登陆

日军第14师团侵略者盘踞在张华浜码头

十九路军在京沪铁路黄渡站迎击日军

日军第14师团在吴淞机厂集结准备进犯

继1924年江浙战争之后,黄渡站西跨盐铁塘的京沪铁路第24号桥再度成为战争双方争夺的战略要地

3月9日,日军侵占黄渡站

中国军队在京沪铁路第55号桥上设置防御工事,严防直逼昆山的日军

中国军队在京沪铁路旁青阳港畔的阵地内实施警戒

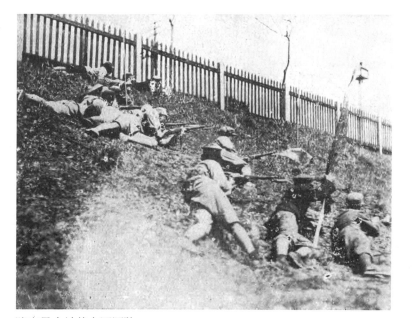

防守昆山站的中国军队

261

第 77 师在昆山站驻防

后续入侵的日军第 14 师团步兵第 15 联队在京沪铁路南翔站外行军

开赴前线调防的中国军队在京沪铁路唯亭站附近休息

由于可运行的机车已全部后撤，日军第 14 师团步兵第 50 联队松木队（辎重部队）每天只能用人力牵引 2 辆装有 15 吨物资的货车从真如站到南翔站

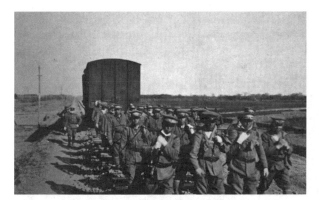

日军感叹"行进在如同广漠般的大陆、大平原中"

日军牵引货车

日本北国新闻社特派员回国讲解战争情况时所用的地图凸显出各条铁路的重要地位

战争期间,公共租界在界路与宝山路路口的碉堡前筑起沙包工事

意大利军队防守京沪、沪杭甬两路联络线第 12 号桥（梵王渡桥）

万国商团的士兵在上海北站以西、京沪铁路货栈南侧的界路铁栅栏前合影

来华调查日本侵略东北情形的国际联盟李顿调查团并未直接前往东北调查，而是先抵达上海，复于 3 月 26 日上午在沪杭甬铁路上海南站乘坐两路局特备的花车前往杭州游览西湖

左起为上海市市长吴铁城、德国代表、法国代表

杭州各界在杭州城站迎接李顿调查团，希望调查团主持公道、谴责日本侵略

花车即将驶抵城站时受到了热烈欢迎

4 月间,退出上海的十九路军在京沪铁路旁修筑工事,以备日军再度来犯

协助军队修筑工事的民众

盘踞在吴淞机厂的日军将数十具阵亡者的尸骸装入大木箱中运回日本

日军在铁路旁埋葬的战死或病死的军马

战争结束、日方下达回国命令后，日军第 14 师团在淞沪铁路张华浜码头运送物资

淞沪抗战的另一支主力部队——第 5 军第 87 师在京沪铁路苏州站候车，准备调回南京驻防

随十九路军参战的复旦大学义勇军结束了在苏州的工作，于 1932 年 6 月间乘车回到上海北站

在无锡训练的复旦大学义勇军于 1932 年 6 月 13 日返回上海抵达上海北站

第二节　创痕

淞沪铁路天通庵站附近的死难者

这名士兵和其他 16 人在日军飞机轰炸停在京沪铁路真如站的列车时遇难

牺牲于上海北站的我国士兵

267

战时派驻南翔站的王景贤在日机空袭时被炸身亡

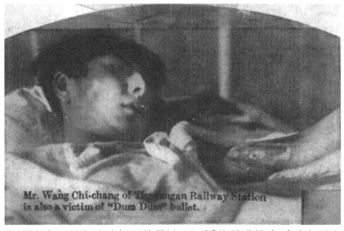

Mr. Wang Chi-chang of Tientungan Railway Station is also a victim of "Dum Dum" bullet.

淞沪铁路天通庵站站长王其昌被日军俘获并遭枪击后送入医院抢救

1932 年 2 月 21 日在京沪铁路南翔站遭日军飞机空袭而殉职的淞沪铁路张华浜站站长徐斌

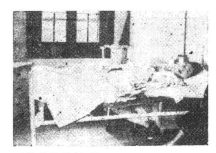

王其昌住院情形

1932 年 6 月 28 日，京沪、沪杭甬铁路管理局在上海北站东侧的场地上举行殉职员工追悼会

追悼会会场前搭建了大型牌楼，左上方的"为国牺牲"由蒋介石题写

追悼会现场人头攒动

铁道部部长顾孟余担任主祭并宣读祭文

殉职员工的家属悲伤不已

269

殉职员工纪念碑的奠基仪式在淞沪铁路炮台湾站举行，由两路局局长陈兴汉（穿黑衣长袍者）主持

1932年11月3日，两路局车务处举行了该处殉职员工纪念碑的立碑仪式

立碑仪式现场

路局车务处殉职员工纪念碑

淞沪铁路宝山路站设立了宝山路平交道栅门管理员田荣甫、张文化的殉职纪念碑

1932年12月,两路局又计划在淞沪铁路炮台湾站东侧征地20余亩建造殉职员工纪念堂和纪念碑,但未能实施

上海北站被毁前

被毁后的上海北站大楼

被毁后的大楼(东)

271

被毁后的大楼（东南远景）

被毁后的大楼（东南）

大楼外墙均被熏黑

严重破损的外墙

被毁后的大楼（西南）

被毁后的大楼（西）

被毁后的大楼（西北）

被毁后的大楼（西北，仰拍）

北站大楼西侧新建的办公楼也被全部焚毁

从该办公楼远眺被毁的上海北站大楼

北站被毁后,两路局不得不租用河滨大厦作为临时办公处。
图中①为会议室、②局长室、③总务处处长室、④监印室

人烟绝迹的北站广场

2月中旬,两路局职员进入被炸毁的北站站房视察破坏情形   北站雨篷玻璃顶盖被炸毁

雨篷下候车区的被毁情形

上海北站行李房及其顶棚被日军破坏

北站遭日军劫掠后只剩
下行李房中的大磅秤

上海北站月台轨道被炸

轰炸后的北站站内

北站站场内

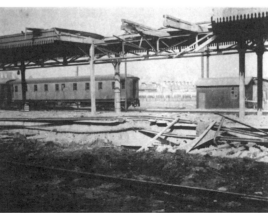

北站的轨道、站台、雨篷均被毁

北站月台边缘及顶部雨篷被日机炸毁

上海北站月台雨篷被毁

北站东北角的厕所被炸弹殃及

淞沪铁路宝山路站附近被毁

淞沪铁路宝山路站站房受损情形

日军用机关枪扫射宝山路站,月台雨篷上的弹孔清晰可见

淞沪铁路宝山路站雨篷和混凝土立柱上弹孔密布

淞沪铁路宝山路站雨篷上的弹孔

宝山路站雨篷和水泥柱被枪弹射穿

淞沪铁路江湾站在日军进攻时遭到严重破坏，一部分站房被炸成平地，站台雨篷和站台边缘的石块也被破坏

江湾站站房正面被毁情形

破损不堪的江湾站(上)；《字林西报》(The North China Daily News)把被毁的蒸汽车形容为"魔鬼火车"(下)

江湾站站房被毁情形(上)；站旁被炸毁后的列车只剩钢架(下)

江湾站站台雨篷上的弹孔

江湾站站台木栅和厕所遭到破坏

江湾站西站台南端被严重破坏，远处为被毁的劳动大学

淞沪铁路蕴藻浜站被炸

从蕴藻浜站站内可见被毁的站房屋顶

蕴藻浜站铁路职员宿舍被炮火摧毁(小屋左侧)后仅剩基石

职员宿舍原址

蕴藻浜站附属站房受损情形

淞沪铁路炮台湾站被毁

炮台湾站站房破损不堪

炮台湾站站房屋顶被炸坍　　　　　　　　　炮台湾站的职员宿舍全毁　　　　　　　　　炮台湾站的路警教练所被日机炸毁

京沪铁路麦根路货站第 6 号货栈的木质站台被盘踞该站的日军拆毁，仅剩水泥基桩

麦根路货站 E 号货栈前的木板月台的一部分被毁

麦根路货站路警办公处的门窗、地板在日军侵占后遭损毁

麦根路货站警务处和住所内的地板、门窗被日军拆走

麦根路货站的大华纸厂货栈于1932年2月11日被日军飞机炸毁

京沪铁路与京沪、沪杭甬两路联络线接轨处的麦根路分路站被毁

京沪铁路真如站上行（上海—南京）站台雨篷于 1932 年 2 月 5 日被日机炸毁（上）该站附近被炸毁的
列车（下）

真如站雨篷被毁情形

被毁雨篷局部

两路局拆除真如站被毁的雨篷

雨篷拆除后情形

真如站站台被炸坏

2月5日,日机向真如站投弹后在上行月台东侧形成的大坑,坑宽十余尺,深在五尺以上

侵占真如站的日军在坑内勘察

真如站外的弹坑和被炸飞至此的钢轨

真如站的厕所亦于2月5日被炸成一堆瓦砾

战后的真如站依旧残破

1932年2月24日，京沪铁路南翔站站台被炸，站台上的厕所仅剩几根立柱

南翔站站台被毁

南翔站站台雨篷被全部炸毁后仅存一处极小的候车区域

南翔站夜间站灯被毁一角

日军盘踞在破败不堪的南翔站

日军撤退后的南翔站一片狼藉

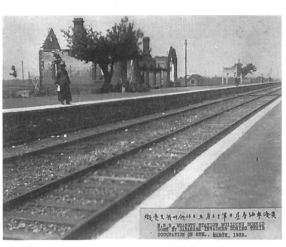

京沪铁路黄渡站站房屋顶、站前的半个人力车棚棚
顶于 1932 年 3 月 5 日日军入侵时被其拆去

同日（3 月 5 日），日军又将黄渡站站房焚毁

路局搭建草棚作为临时站房

黄渡站的路员宿舍被日军焚毁（上）黄渡站灯油间被日军摧
毁（下）

京沪铁路青阳港站的钢轨被炸坏

1932 年 3 月 2 日，青阳港站站房被日机全部炸毁，轨道亦被炸坏

沪杭甬铁路新龙华站的站台被日机炸毁

上海北站站场内的轨道和客车于 1932 年 1 月 29 日遭日机轰炸，列车脱轨，钢轨翘起后倒在车身上

上海北站站场内轨道被炸后的凌乱情形

北站西端的民德路旱桥（人行天桥）前的废墟

民德路旱桥下的轨道被毁

北站以西的轨道被日机的重磅炸弹炸出一个巨大的深坑

1932 年 1 月 29 日，北站以西新民路附近的轨道被炸后产生扭曲

2 月 11 日，日机轰炸京沪铁路麦根路货站，站内轨道被毁

京沪铁路真如附近的轨道被炸后严重变形

淞沪铁路宝山路平交道被毁

宝山路平交道铁栅门受损情形

宝山路平交道的水泥立柱上弹痕密布

水泥立柱受损情形

宝山路平交道第1号栅门管理员住所被日军破坏，只留下屋顶上的白铁皮散落在地面上

淞沪铁路第2号栅门管理员住所被日军摧毁殆尽

宝山路站北侧的路轨被截断，钢轨断裂

日军曾在淞沪铁路广东街平交道与中国军队激战

广东街平交道被毁情形

敌我曾在淞沪铁路宝兴路平交道激战,因此该平交道设施损坏严重

淞沪铁路横浜路平交道的铁栅门遗失,四根立柱亦有损坏

淞沪铁路Ｗ４号道房被毁

中国军队自行拆除淞沪铁路江湾站正线的钢轨用于构筑工事

江湾站正线钢轨被拆除，东侧到发线钢轨、枕木被炸断

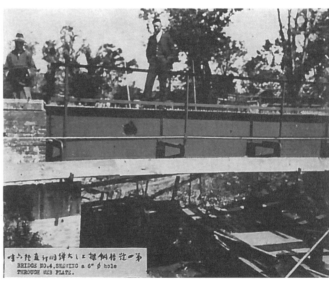

江湾站内被炮弹炸毁的轨道

位于江湾站西侧的淞沪铁路第10号平交道的栅门移位，看守屋的墙体被炮弹击穿

淞沪铁路第4号桥钢梁上的直径6英寸的弹孔

跨蕴藻浜的淞沪铁路第 6 号桥桥面被日军烧毁

淞沪铁路蕴藻浜站站东北的平交道栅门及其附近房屋在日军入侵时受损

由南向北拍摄的第 6 号桥被毁桥面

第 6 号桥的侧面受损

《字林西报》刊登的照片认为第 6 号桥是被中国军队破坏

淞沪铁路吴淞镇站西侧的平交道栅门在日军入侵时被毁

京沪铁路的一座桥梁被中国军队自行破坏以阻止日军进犯

黄渡站西的京沪铁路第 24 号桥被炸毁

京沪铁路陆家浜与青阳港两站间的铁路被炸坏

京沪铁路第47号桥被炸,该桥前方即为中国军队的防御工事

第47号桥的桥墩和钢梁被炸毁

1932年3月2日上午,京沪铁路第55号桥(青阳港桥)被日机投下的重磅炸弹击中,桥面轨道被炸弯

第55号桥桥面严重受损

第 55 号桥中间孔上方的钢梁被弹片击穿

该桥北面桥孔的横梁和底边被炸穿

第 55 号桥北面桥孔的底边和桥墩被炸坏

3 月中旬，十九路军为防止日军利用铁路入侵而令两路局用气焊切割第 55 号桥桥中心的钢梁

为彻底切断铁路交通，3 月 27 日十九路军下令破坏第 55 号桥钢梁，同时架设木板便桥以便行军

第 55 号桥中断后的情形

上海北站站场内被毁的列车

第 805 号四等客车于 1 月 29 日遭日机轰炸后，又于日军占领上海北站后被其焚毁

民德路旱桥附近的列车被毁

上海北站沪杭甬铁路机车房前被炸毁的沪杭甬
铁路四等客车

另一节在北站内被炸毁的沪杭甬铁路四等客车

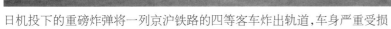

日机投下的重磅炸弹将一列京沪铁路的四等客车炸出轨道，车身严重受损

上海北站站场内的一辆沪杭甬铁路客车被烧毁

北站内被炸毁的客车

北站车库内的客车被炸毁

上海北站内被烧毁的一列货车　　　　　　　　　　　　　　　货车被毁

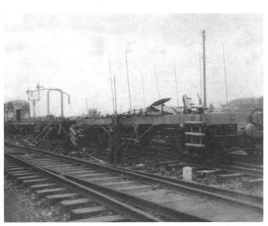

一列停在民德路旱桥西侧的铁甲炮车于 1 月 29 日被日机炸毁　　　　　北站内被烧毁的装甲车

上海北站内被烧毁的装甲车

停在北站的淞沪铁路蒸汽车于 1 月 29 日被日机炸毁

1 月 29 日被炸毁的淞沪铁路 650 号蒸汽车

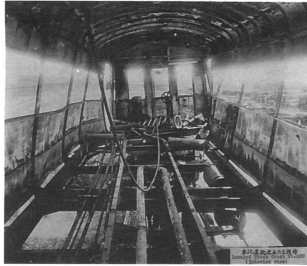

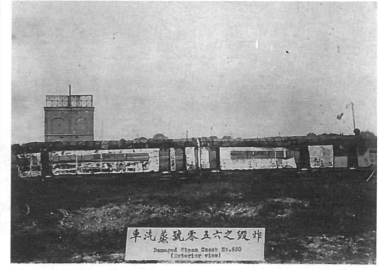

被炸毁的 650 号蒸汽车车尾

被炸毁的 650 号蒸汽车车内

650 号蒸汽车被拖回吴淞机厂

 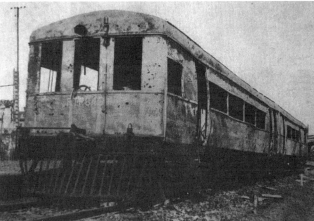 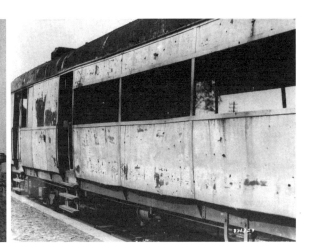

停在江湾站未及驶离的 649 号蒸汽车被毁

649 号蒸汽车内部被毁状况　　　　拖离江湾站后的 649 号蒸汽车

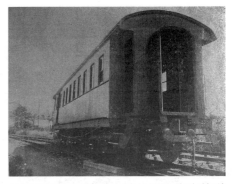

吴淞机厂进厂轨道上被日军硬拖出轨道的车辆

无法行驶的 A1 号机车连同 5 辆货车被日军遗弃在淞沪 吴淞机厂造车厂外被日军破坏的淞沪铁路蒸汽车
铁路高境庙段

日机投下的炸弹在京沪铁路真如站的轨道旁爆炸，炸毁了一节客车

日机轰炸后仅剩"骨架"的车厢　　　　被炸变形的货车

停在京沪铁路真如站的运兵列车于 1 月
29 日、2 月 5 日两度遭到日机轰炸

真如站上被炸的货车

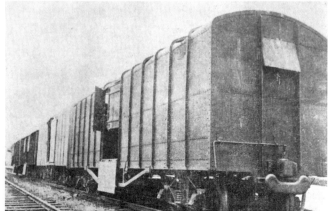

1932年2月24日，日机在京沪铁路南翔站投下重磅炸弹，列车和站内轨道遭到严重破坏

南翔站站长办公室东侧天桥下被炸出一个大坑，一辆空货车和一段轨道被毁

南翔站弯道东端的一辆空货车遭日机轰炸后倾覆，底盘脱离车身

位于上海北站和麦根路货站之间的京沪、沪杭甬铁路机车房被烧毁

焚毁后的机车房内景

机车房的材料间被日军破坏

机车房的办公室被毁

被破坏的机车房引擎间

机车房的烘沙间被毁

被毁坏的机车房车床间

机车房的钳床间被破坏

日军侵占上海北站后劫掠并捣毁了沪杭甬铁路的北站车房办公室

上海北站车房料材被日军搜刧圖

INTERRIOR VIEW SHOWING THE
STORE ROOM OF NEW RUNNING
SHED, SHANGHAI NORTH.

被日军洗劫、捣毁的沪杭甬铁路上海北站车房的材料房

北站车房的材料房遭日军劫掠

北站的发电机房被日机炸毁

1932 年 2 月 9 日，日机炸毁北站的电气厂和公事房

北站电气厂被炸后凌乱的办公室

电气厂电气工程师办公室被炸后的景象

被烧毁的电气厂文牍

被炸后的电气厂材料间

被炸后的北站电气厂机车灯修理间

被炸后的电气厂修理发电机工厂

被炸后的电气厂电灯发电机修理间

被炸后的电气厂电力间电表等损坏情形

被炸后的北站电气厂蓄电池间

被炸后的电气厂电池制造间

电气厂新建的修理发电机工厂也被炸毁

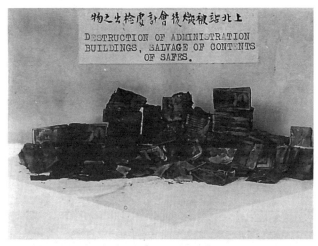

从保险箱中拣出的物品

上海北站被毁后两路局会计处人员从废墟中找出的保险箱

吴淞机厂的所有工场和修车厂的大门都被日军拆毁,厂外也混乱不堪

313

吴淞机厂的机车车辆厂被破坏

吴淞机厂的修车厂内部被毁情形

吴淞机厂被日军侵占期间，厂门木板都被日军拆去当做燃料

吴淞机厂内的木地板也被日军拆去烧毁

吴淞机厂内被日军拖出厂外并破坏的电焊机件

吴淞机厂被烧毁的机件散落在厂房边的空地上

日军把吴淞机厂内的火砖当作炉灶

吴淞机厂造车厂内被日军凿开的墙洞

吴淞机厂的翻砂厂被日军当作马厩

吴淞机厂发电厂内的电表、开关等物件被日军破坏

吴淞机厂的缝工间被日军破坏并洗劫一空

吴淞机厂锯木厂内被日军破坏的锯木机和蒸汽机

吴淞机厂机车汽锅被日军推倒在轨道上

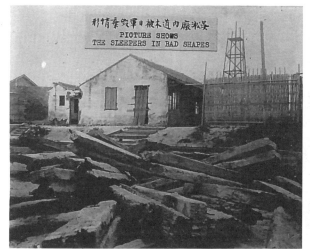

吴淞机厂内的枕木被日军毁弃

吴淞机厂内被日军拆毁的围墙和冷藏车

吴淞车厂内的铁皮外墙和门窗受损

吴淞机厂工人住宅的门窗、竹篱、遮篷等物都被日军破坏

吴淞煤场的篱笆被日军破坏

吴淞材料厂内的油桶和木料被日军用来搭建浮桥

吴淞材料厂材料房遭日军洗劫

吴淞材料厂的电气材料被毁

日军侵占上海北站后烧毁了大楼以西的京沪铁路货栈

被烧毁的京沪铁路货栈

中方人员察看被毁的京沪铁路货栈

货栈隔新民路对侧的房屋未遭到破坏

货栈的废墟散落在轨道上

1932 年 5 月 27 日，日军撤退后从民德路旱桥上俯拍被毁的上海北站、轨道和货栈

京沪铁路旁的闸北康吉路中华纸版厂货栈也被日机炸毁

1932 年 1 月 29 日，两路局卫生稽查办公室被毁

地处新民路的京沪铁路管理局
扶轮小学中弹（图中箭头处）

京沪铁路第55号桥旁由两路局建造的宪兵住房和电线被炸毁

1932年2月1日夜，入侵南京长江江面上的日本军舰炮击京沪
铁路南京站，机车房附近的京沪铁路第三扶轮小学中弹

京沪铁路大统路、新民路平交
道被沙包堵塞，附近电线被日
机炸坏

战争爆发后，上海一家兵工厂通过沪杭甬铁路迁往杭州。迁
移产生的费用是战争间接损失的一部分

两路局人员调查上海北站路轨被毁情形

路局修复淞沪铁路第 3 号桥

救险车吊起在日军进犯时被炸毁的第 3 号桥受损的钢梁

第 3 号桥安装新钢梁

修复京沪铁路南翔站站台

救险车在京沪铁路第 55 号桥架设木梁，实施修复工作

1932年5月23日日军根据《淞沪停战协定》撤退后，两路局接收上海北站并在一天内完成了恢复通车的工作

接收后的首日（5月24日），两路局在北站举行试通车。中间穿浅色西装者为局长陈兴汉，左、右两侧分别为车务处处长郑宝照和总工程司德斯福（Ivax.Tuxford）

北站恢复通车

1932年5月25日，上海撤兵区域接管委员会在上海北站前合影，准备乘车前往京沪铁路沿线战区视察

接管委员会视察京沪铁路真如、南翔、安亭三站期间的场景

接收后的上海北站恢复了战前的热闹景象，但大楼已无法恢复原貌

〉〉 第六章　驰骋

第一节 飞速

1932 年 5 月 23 日京沪、沪杭甬铁路管理局接收上海北站后，工务处即开始拆除被日军飞机炸毁的大楼

上海北站大楼拆除中

工务处原计划保留二楼（深色墙体部分），但发现无法修复后只得拆除

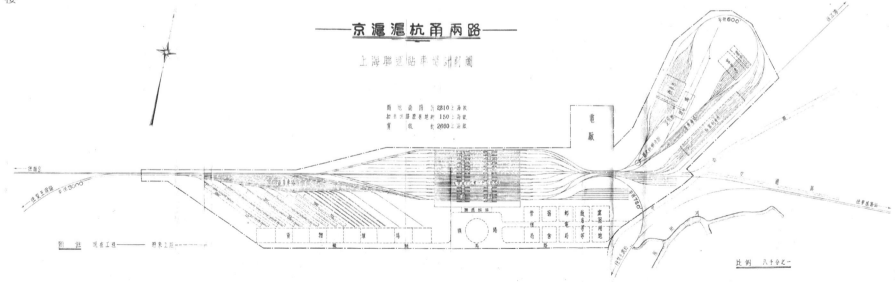

1932 年 7 月，铁道部决定在上海中山路以西规划建设京沪、沪杭甬铁路联运总站，12 月 9 日公布了详细方案

当地(彭浦乡)村民对联运总站一直持反对态度。1932年12月13日村民前往上海北站准备再赴南京请愿时,因两路局拒绝全体村民上车而卧轨抗议

卧轨事件前一天(12月12日),两路局局长陈兴汉自感无力应付而向铁道部递交辞呈,16日黄伯樵接任局长

1933年3月10日,铁道部宣布停止联运总站的建设计划。4月14日,原上海北站站房的修复工程重新启动

历时三个半月修复完成的上海北站站房

1933年9月10日,铁道部与两路局共同举办了北站站房落成典礼

局长黄伯樵(戴墨镜者)亲自打开车站铁门

参加落成典礼的全体人员

站房内部由华盖建　底层大厅
筑事务所设计

上海北站建筑

二层的头等、二等车厢候车室

二楼会议室

三、四等车厢候车室

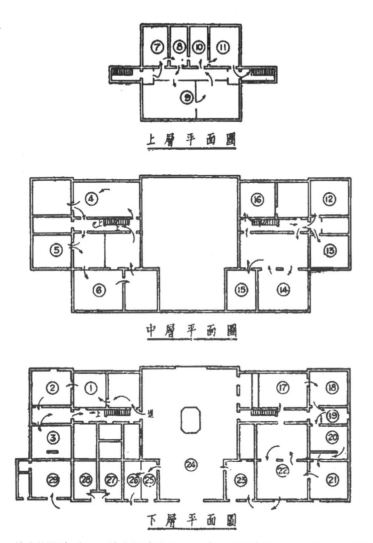

上层平面图

中层平面图

下层平面图

1.处长室；2.总务课课长室；3.总务课事务股；4.总务课人事股；5.总务课文书股；6.总务课文书股（档卷）；7.运输课调度股（沪杭）；8.运输课文事股；9.运输课行车股；10.运输课课长室；11.运输课调度股（京沪）；12.营业课交际股；13.营业课交际股；14.会议室；15.图书室；16.局长、副局长室；17.营业课客运股；18.营业课文事股；19.副处长兼营业课课长室；20.副处长室；21.营业课货运股；22.营业课编查股；23.餐室；24.大厅；25.站长室；26.站务稽查室；27.电报室；28.中国旅行社；29.头、二等旅客待车室。大厅中间为问讯处、招待处

售票处

站台

站前广场

站前广场中央的花园

站房西面的花园

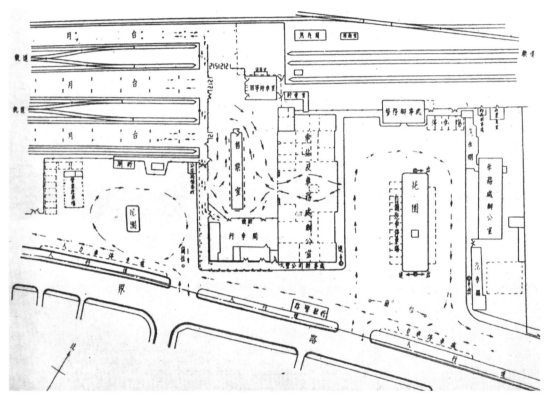

修复后的上海北站片区平面图

1933 年，华盖建筑师事务所为两路局初步设计了新办公大楼

该事务所还绘制了路局附近区域（麦根路货站东侧）的设计图

战时被破坏的淞沪铁路江湾站二层站房拆除后改建为单层站房

修复后的吴淞机厂车辆修理厂

修复后的淞沪铁路第 6 号桥(蕴藻浜桥)

重建的炮台湾站

两路局在河滨大厦的临时办公处(中)与该时期的上海北站(上)、北站站台(右上)、沪杭甬铁路上海南站站台(左上)、淞沪铁路天通庵站(左下)、宝山路站(右下)

1933年新建的京沪铁路南京站双拱钢架候车雨篷

1933 年镇江站新建的机车转盘

两路局延长了镇江站的站台并种植树木

1936 年 8 月,和平门站临时站房(上)与二等车厢候车室(下)建成

1936 年 7 月,镇江西站新建站房竣工(1935 年 11 月镇江站改称镇江西站)

扩建后的镇江西站三、四等车厢候车室

1931 年秋开工的镇江宝盖山隧道修复工程因淞沪战役停顿，至 1932 年 8 月竣工

1935 年春镇江旗站新站房建成，同年 11 月该站改称镇江南站

1933 年 9 月京沪铁路常州站机车房旁新建的蓄水池

1934 年 12 月，京沪铁路上海至南翔段增建复线

1935 年 5 月 1 日沪翔复线通车，两路局副局长吴绍曾与各处、署负责人乘坐首趟区间车进行视察

吴绍曾在黄柏樵 1934 年 8 月至 1935 年 6 月奉铁道部之令出国考察期间代理局长事务

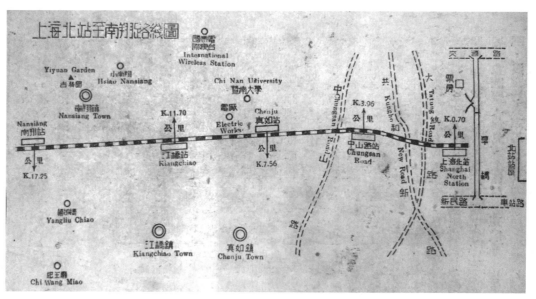

沪翔复线路线图。1935 年 6 月 21 日、7 月 16 日又分别增设了太阳庙站和双井亭站

两路局为恢复专门的办公场所而决定在上海北站东侧建设管理局大楼，1936 年 3 月 7 日举行了开工仪式

局长黄伯樵亲自奠基，并将纪念盒放入基石后封上水泥

黄伯樵与大楼设计者董大酉（右）

大楼打桩

基础工程(左)和扎钢筋(右)

大楼建设中

即将完成的大楼屋顶

办公区域完工

1936年9月24日,两路局大楼竣工

局长室

职员办公室

自动电话接线机

大楼电梯马达

两路局大楼和上海北站的航拍照(1937年侵华日军摄)

1934 年 2 月上海北站新建的停放过江车辆的车库

1934 年扩建的吴淞材料厂堆料棚

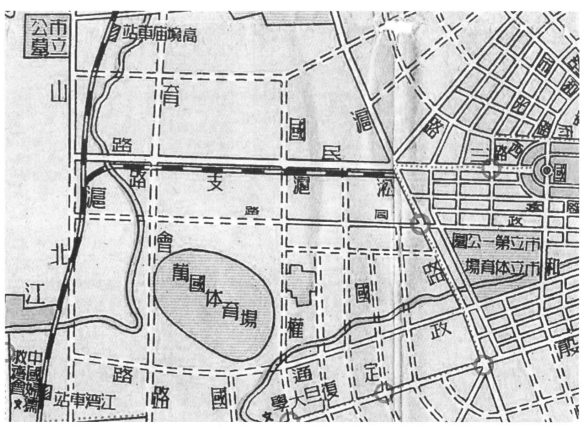

1935 年 10 月 10 日,服务于在上海召开的第六届全国运动会的淞沪铁路三民路支线通车(1937 年淞沪会战爆发前由我方自行拆除)

1935年，吴淞机厂占地面积扩大到7.8公顷

吴淞机厂内景

1933年7月建成的沪杭甬铁路余姚站蓄水塘。远处为货车车厢

1934年，沪杭甬铁路曹娥江站改建了站台雨篷

镇江站站南的小型花园中安放了凳子以便旅客休息

1933年上海北站新建的三、四等车厢旅客厕所

1934年建成的京沪铁路南京站站前广场（上）与站南广场上的小型花园（下）

沪杭甬铁路嘉善站站前的小型花园

1934 年 10 月,两路局机务处根据车辆标准对一辆四等客车进行了改造

新型四等车厢内景

沪杭甬铁路向粤汉铁路租用 6 辆英国制造的机车,第一辆于 1935 年 9 月 26 日完工

1936 年 2 月 13 日,由吴淞机厂制造的我国第一辆流线型铝制蒸汽车投入沪翔复线的运营。该复线与京沪铁路分开运营

该流线型铝制蒸汽车的行驶区间后延伸至淞沪铁路

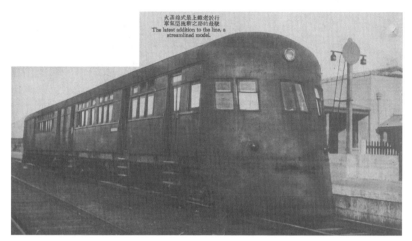

停靠在淞沪铁路车站上的蒸汽车

1936 年 3 月 7 日，当时中国最大型号的机车——瓦肯（Vulcan）4－8－4 机车抵达上海北站，准备投入京沪铁路的运输

1936 年 4 月，从国外新购买的卧车在淞沪铁路张华浜码头起卸

沪杭甬铁路新客车的底盘

1937年元旦,京沪铁路开行首都特快列车,黄伯樵等人在第2次(上行)列车出发前合影

首都特快沿途仅停靠镇江西、武进、无锡、吴县4站,全程最快仅需4小时48分

1937年吴淞机厂自行研制的流线型机车时速可达80—100公里

1937年京沪铁路的吊车机可吊起36吨重的设备,为当时国内所独有

吴淞机厂代修的平汉铁路机车

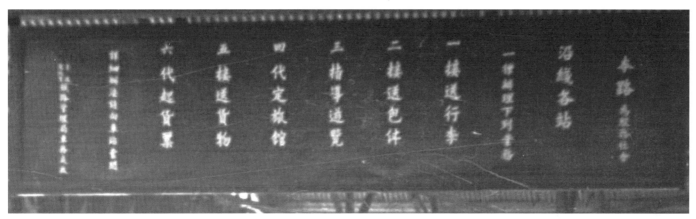

上海北站内雨篷下的旅客服务广告牌

北站服务处

1935 年 7 月北站开办送客人力车售票房，旨在改善出站的交通秩序

祥生汽车股份有限公司在北站西侧设第八分行，以便接送进出站的旅客

1933 年 8 月 21 日，位于静安寺路上的京沪、沪杭甬铁路上海第一营业所开业，以便招揽市中心的客货

营业所前台

1934 年 5 月 21 日，铁道部第三届全国铁路沿线出产货品展览会在北平紫禁城外的太庙开幕，京沪、沪杭甬铁路与杭江铁路（杭州至江山）合设展示馆陈列相关物品

京沪、沪杭甬铁路沙盘

1934 年 7 月 16 日,两路局在新亚酒店举行茶话会招待上海各行业领袖商讨产运销合作事宜,以期促进"铁路商业化"

1934 年 11 月 1 日,两路局在上海北站创办货等标本陈列室,推广沿线国货产品

1934 年 12 月,两路局在杭州开设的"货商讲习班"全体学员与副局长吴绍曾在杭州城站合影

为延续货商讲习班的效应，1935年3月27日两路局率先在上海成立"路商联欢社"

1935年10月22日，两路局召开水陆空联运会议，全体出席代表在上海北站广场上合影

上海转运公司的汽车装运水果抵达火车站(上)；运输鲜货的货车停靠在京沪铁路车站(下)

1934 年 6 月，江苏省农民银行丹阳分行协助当地合作社办理小麦运销，麦包抵达京沪铁路丹阳站后由合作社社员称重

江苏省农民银行丹阳分行协助合作社办理生猪运销时的装车情形

1933 年 11 月 2 日,中英银公司(British & Chinese Corporation)董事长梅尔思(S.F.Mayers,左五)参观两路局各部门

德斯福(Ivax.Tuxford)

1934 年 9 月 17 日,两路局在新亚饭店屋顶花园举行总工程司德斯福(前排左六)结束在两路工作 30 年的集体活动

因会计处处长兰克斯德(W. O. Lancaster)即将退休,1935 年 1 月两路局聘请中英银公司推荐的史都亚(A.Stuart)接任

1933 年 6 月 16 日，铁道部直辖京沪、沪杭甬铁路工会沪杭段事务分所成立

京沪、沪杭甬铁路赡养储金管理委员会全体委员合影。前排左起：稽核委员濮登青、委员长黄伯樵、会计委员史都亚；后排左起：营业委员王志刚、文牍委员孙嘉禄、庶务委员许元方、监察委员陆宝淦

1936 年 11 月，位于京沪铁路和平门站站西黄泥山附近的铁路工人住宅区 —— 南京民生一邨 65 幢住宅建成

京沪铁路武进职工学校

沪杭甬铁路宁波白沙职工学校

1934 年 7 月 24 日两路局车务处外勤车务见习生考试场景

1934 年 8 月 1 日,极少数通过考试的车务见习生开始业务训练

两路局的铁路警察

1933 年上海北站修复时新建的路警驻所

京沪铁路第 55 号桥西北、开办于 1934 年 5 月 23 日的
青阳港铁路花园饭店（左侧楼房处）

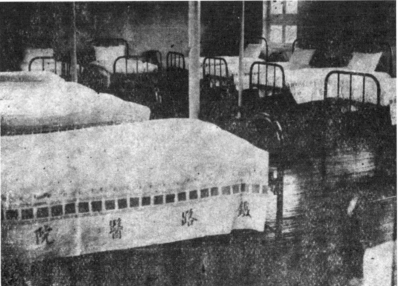

1934 年 10 月，两路局在沪杭甬铁路杭州城站旁设立了杭州铁路医院

青阳港铁路花园饭店正门

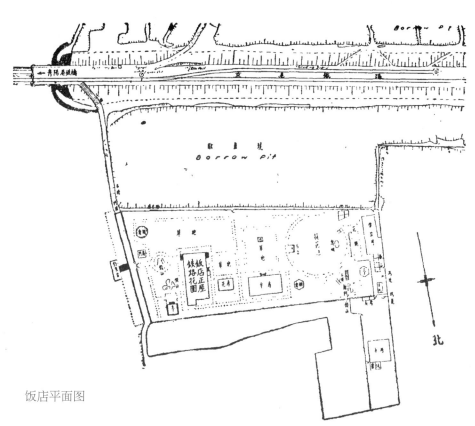

饭店平面图

饭店头等宿舍

饭店二等宿舍

饭店房间

1934年11月8日，国民政府主席林森（前排左七）一行参观在青阳港铁路花园饭店举办的菊花展

1934年11月24日菊花展举行菊花评比，蔡元培（左六）担任评判员

1935年11月，沪杭甬铁路嘉兴铁路苗圃也举办了菊花展，两路局局长黄伯樵（右）与嘉兴县县长王先强一同参观展览

1934年，莫干山铁路旅馆也改善了相关设备

1934年2月，国民政府开始在全国推行新生活运动，排队买票成为旅客行为规范之一

1936年5月,新生活运动之"夏令卫生运动周"的各组干事在京沪铁路镇江西站站台上演讲并分发传单(左)以及为旅客注射防疫针(右)

1937年1月,两路局根据铁道部新生活运动会规定制造了各大站书报流动车和卫生食品流动车

1937年2月19日,京沪、沪杭甬铁路新生活运动会举行庆祝新生活运动三周年纪念大会

1937年5月中旬起,京沪、沪杭甬铁路新生活运动会举行"夏令卫生运动大会",开行宣传车前往各站宣传

卫生宣传车

宣传车内部,可见三等车厢的座位号

沪杭甬铁路卫生宣传车的工作人员

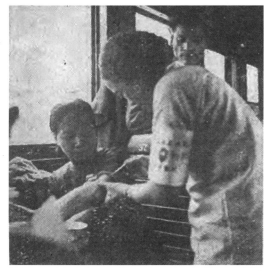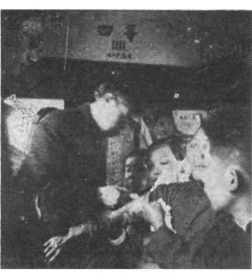

沪杭甬铁路卫生宣传车工作人员在车上为旅客接种牛痘(左)、注射伤寒疫苗(右)

京沪铁路南京站进站口

站外的水泥柱上写有"京沪铁路南京下关车站"

南京站站台雨篷

1933 年的和平门站人行天桥

1936 年的中国水泥厂专用线

1936 年 6 月 1 日，常州站改名为武进站

武进站站内

无锡站

1936 年 6 月 1 日更名为吴县站之前的苏州站

停靠在苏州站的客车

正仪站外

京沪铁路第 69 号桥(跨娄江)与桥下 1935 年 5 月竣工的苏昆公路

上海北站西侧

上海北站

旅馆揹客在下车乘客走出站台门时大声招揽生意

上海北站在最后一班快车抵达时的夜景

淞沪铁路宝山路站

张华浜站

吴淞机厂正门

蕴藻浜站

吴淞镇站

炮台湾站　　　　　　　　　　　　　　　　炮台湾站站牌　　　京沪、沪杭甬铁路联络线第 12 号桥（跨苏州河）

第 12 号桥鸟瞰　　　　　　　　　　　　1935 年 1 月 1 日，梵王渡站改名为上海西站

沪杭甬铁路松江站

嘉兴站办理邮件运输

嘉兴城东北的杭善公路平交道

嘉兴站站台

西山旁的硖石站

为避免与陇海铁路长安站重名，1936 年 8 月 1 日长安站改名为长安镇站　杭州城站

城站主站台　城站中间站台

杭州城站出口

城站外的旅客

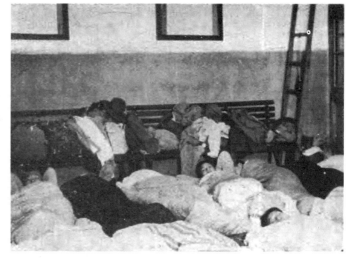

南星桥站站内

沪杭甬铁路闸口材料厂材料库

曹娥江站站台

宁波站平面图，1936 年 6 月 1 日改名为鄞县站

沪杭甬铁路白沙材料厂仓库

京沪铁路列车

机车

客车

头等车厢内景

二等车厢内景

软座车厢内景

1934 年 12 月投入使用的京沪铁路二等卧车，
其设备的先进程度超过平沪直通车的二等卧车

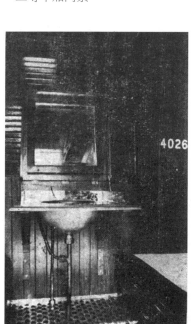

二等卧车内的台盆

三等车

三等车厢内景

沪杭甬铁路三等客车上的乘客

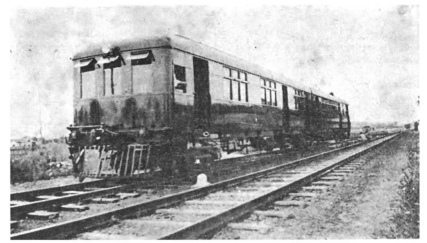

淞沪铁路蒸汽车

沪杭甬铁路四等客车

各类车票

1932年7月,我国第一位参加奥林匹克运动会的运动员刘长春(中)抵达上海北站,准备乘轮船前往美国洛杉矶参会

1932年9月15日,上海良友图书印刷股份有限公司组织的"全国摄影旅行团"从上海北站出发前往各地采风

1932年10月28日,一辆军用列车在京沪铁路苏州山塘街附近与一辆手摇轨道车相撞出轨并倾覆在路基旁的取土坑内,造成两名士兵和三名铁路员工受伤

1933年1月24日,拒绝与日本"合作反蒋"的段祺瑞抵达上海北站,从此寓居沪上

从段祺瑞下车的照片中可见高档车厢的末尾形态

1933 年 9 月 2 日，国民政府财政部部长宋子文回国后抵达京沪铁路和平门站

浙江省会公安局在沪杭甬铁路杭州城站（左）、南星桥站（右）检查旅客行李（时间不详）

1933 年 10 月 20 日，参加第五届全国运动大会的上海选手回到上海北站

1933 年 12 月 7 日，无线电发明者、意大利人马可尼从南京乘车抵达上海北站，国立中央研究院、上海各大学联合会等 14 个团体到站迎接

1934 年 2 月 17 日，梅兰芳（左六）一行抵达京沪铁路南京站，励志社等单位人员前来迎接

1934 年 3 月，京沪铁路南京站站台上挂起了欢迎全国电影界谈话会代表的横幅

1934 年 5 月 22 日，班禅（穿长衫者）抵沪，吴铁城（左一）、杨虎（穿军装者）等人到沪杭甬铁路上海南站迎接

上海南站搭建牌楼欢迎班禅

1934 年 6 月 23 日，绥远省政府主席傅作义（×）抵达杭州

为求宁粤合作以"围剿"红军长征，国民政府派身为海牙国际法庭法官的王宠惠（右一）前往广东调解双方矛盾。1934 年 11 月 9 日王氏回到上海，在上海北站准备乘车返回南京

1935年1月10日，意大利驻华公使鲍斯卡里在上海北站乘车取道西伯利亚回国，上海市市长吴铁城（右）和意大利临时驻华大使温深佐（左）到站送别

1935年5月19日，遭特务暗杀的《申报》总经理史量才出殡，中国红十字会松江分会和《申报》松江分馆来到沪杭甬铁路松江站迎接灵车

史量才的灵车经过硖石站和斜桥站时，《申报》硖石分馆（上）、斜桥各团体（下）分别前来祭奠

1935年6月,两路局为廖仲恺灵柩特备灵车

6月18日,廖仲恺的灵柩抵达京沪铁路南京站准备国葬

6月24日,国民政府蒙藏委员会委员长石青阳的灵柩运抵南京站

1935年7月,14名童子军代表在南京站准备前往上海转赴美国

1935年9月22日,受英国政府派遣来华考察经济的李滋罗斯(Leith Ross,左二)抵达南京站

1935年9月底,中共党员陈仲亭潜入京沪铁路南京段开展地下工作,但因叛徒出卖在南京站被捕,次年就义

1935 年 10 月 4 日，罗马教皇代表蔡宁（Mario Zanin）总主教抵达沪杭甬铁路嘉兴站，乘坐特备官轿前往城内的圣母显灵堂

1935 年 10 月 6 日，海宁长安镇教友代表在沪杭甬铁路长安站迎接上海朝圣团专车

1935 年 10 月 27 日，上海市儿童年实施委员会主办的第一次"苦儿旅行团"从上海北站出发前往昆山旅行，参加者为上海各孤儿院的 300 多名孤儿

1935 年 10 月 31 日，国民政府主席林森（左三）由福建返回南京出席国民党四届六中全会，在京沪铁路和平门站下车

林森乘坐停靠在站旁的汽车进城

1935 年 11 月 23 日，因反对袁世凯而被暗杀的国民党党员
范鸿仙灵柩运抵京沪铁路南京站并举行移灵典礼

停在南京站前的灵车

1935 年，电影演员胡蝶乘坐沪杭甬铁路列车

1935 年夏，电影演员金焰、黎莉莉、吴永刚乘坐沪杭甬铁路列车去杭州拍摄电影《到自然去》

列车驶抵沪杭甬铁路枫泾站时，乘客购买当地特产"丁义兴"丁蹄

1936年4月18日，追随孙中山革命的南洋华侨林义顺的灵柩从上海北站运往南京安葬

1936年9月30日，郭沫若夫人于立群（艺名黎明健）赴青阳港赏月时在机车上留影

1936年10月31日，两路局为蒋介石50周岁祝寿时在上海北站入口处搭建了牌楼（左）；路局大楼屋顶和大门前也悬挂了旗帜（右）

1936年底，两路局制定了在界路与宝山路路口西北新建上海北站大型站房的计划

1936年12月12日,97岁的马相伯在家人陪同下
乘坐两路局特备的花车从上海移居南京

1936年12月,南京国立戏剧专科学校学生前往镇江举行公演

1937年3月30日,东南医学院苏北同学会代表欢送本院黑热病诊疗队从上海北站
出发

1937年6月30日,上海市妇女团体推派代表晋京参加全国妇女国
民大会代表竞选会,要求增加代表人数

京沪铁路 8 小时旅程实景。以下照片均用原文：每个车厢里，载着种种式式的人物，从东到西，由南去北，来的匆匆，去也匆匆，为的什么呢？各人这样地奔上自己的前程。大家偎得更紧一点罢，不等天明的时候，也许就会各自走散的

昨日的新闻到今早已成过去，然而还是同样贪婪地看罢。车轮一次的转动，岂不也可算作过了几世纪么（左上）；头等客座里软绵绵的沙发，清洁的布置，丰富的享用，这不过正做着一个豪华的美梦罢了（右下）

单薄的外衣被当作了温暖的被褥，只是头上的帽子却无处安放（上）；看见别人那么亲密地偎依着，就失悔不该一个人出门了，于是转过身来，把眼睛轻轻地闭上（下）

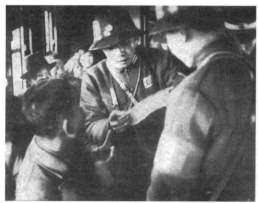

宝贵的乘车证里包藏着美丽的回家的希望,但愿这美丽的希望不要被宪兵先生打碎了啊(左);是一对伴侣罢,他轰轰的鼻息,与窗外的春意,惹起了她无限的心情(右)

腿得尽量弯,盘子得用手去托,真不是吃饭的地方,然而口却不自主地张得很大(左);想到此行是否只会徒耗几元的车资,额上凭空添了几条皱纹(右)

玩世者随寓而安,到处都觉得优游自适,六小时的旅况,见到一个享乐的人生

第二节 跨越

一、首都铁路轮渡

1927 年 11 月，中山号装甲车在沪宁铁路煤炭港装入驳船后等待渡过长江

装甲车由机车拉上浦口江边码头，然后进入津浦铁路。长江阻碍了两岸的铁路交通，建设过江通道成为当务之急

1930 年 11 月 1 日，首都铁路轮渡工程举行开工仪式，国民政府铁道部部长孙科与南京各机关代表一同参加

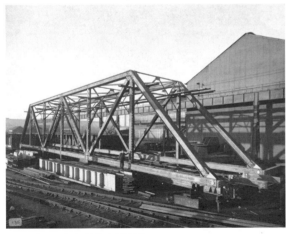

1933 年建造中的钢梁引桥

建设中的引桥桥墩

停靠渡轮的木质护架基本建成

建设中的浮筒码头

即将完工的京沪铁路至轮渡连接线的土方和轨道

轮渡引桥工程全部完成

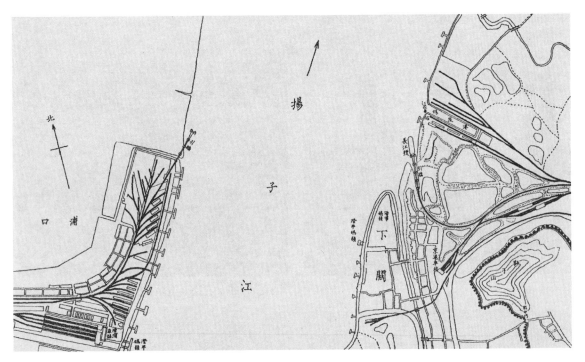

轮渡平面图。东岸起点在"长江号"，西岸终点在"引桥"处

轮渡航拍（拼接图），其东端因在下关而被俗称为"下关轮渡"

1933 年 10 月 12 日，轮渡渡船长江号在英国纽卡斯尔（Newcastle）船坞举行下水典礼

渡船下水后的场景

长江号渡轮与轮渡工程处处长郑华

渡轮上的轨道等设备

1933 年 10 月 22 日，首都铁路轮渡举行开通典礼

铁道部部长顾孟余发表演说

游泳冠军杨秀琼剪彩

众人登上渡江专车

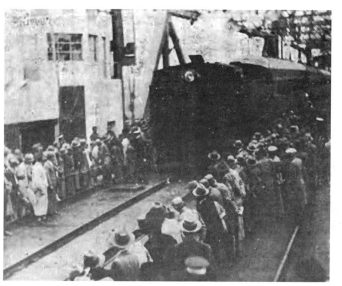

列车开上轮渡

列车驶入长江号渡轮

渡轮离开引桥

甲板上安装轨道

渡轮驶离码头（上），渡轮停靠浦口码头后，列车开出经过引桥（下）

渡轮可装载 3 列火车,每列 3 辆,连车头共 10 辆

通往京沪铁路的轮渡连接线

由英国制造的轮渡机车

轮渡机车侧面

轮渡引桥全景

引桥正面

引桥上

引桥岔道

引桥上的值班室

引桥江岸端

引桥江面端与木质护架

载运列车过江中的长江号渡轮

渡轮驶入东岸引桥

二、沪平直通车

1934 年 2 月,京沪、沪杭甬铁路管理局自制的沪平(上海—北平)直通车完工,造价 20 余万元

沪平直通车车厢包括头等卧车 1 节、头等客厅车 1 节、二等卧车 2 节、餐车 1 节、三等客车 3 节、客车 1 节、暖气及邮政车各 1 节

直通车的标志

1934 年 2 月 20 日,沪平直通车开始运行,22 日停靠在上海北站供各界参观

直通车车尾

直通车停在北站 3 号站台

头等客厅车内景，各皮椅均可旋转

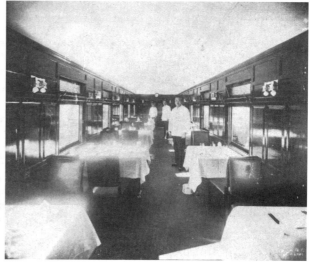

餐车内景

头等卧车

列车走廊

张恨水以直通车为背景撰写了小说
《平沪通车》

三、尧化门联络线

铁道部为连通京沪、江南两条铁路，于 1935 年 8 月开工建设尧化门联络线。尧化门站至光华门站东的 16 公里由京沪、沪杭甬铁路管理局修建，剩余的 2 公里及光华门站由江南铁路公司负责

京沪铁路尧化门联络线挖方情形

1936 年 2 月 16 日铺轨工程启动后，因连日雨雪而影响了工程进度

联络线与京沪铁路的接轨工程

铺轨完毕

1936 年 4 月 1 日，尧化门联络线通车运营

四、钱塘江大桥

为方便浙赣铁路与沪杭、京沪铁路之间的货物联运，钱塘江曾办理联运货车轮渡

1934 年出现了建设桥梁和隧道两种过江方案

1934 年 11 月 11 日，钱塘江大桥在闸口江边举行开工典礼

浙江省建设厅厅长曾养甫致辞，该厅负责大桥的建设工作（后由铁道部与浙江省政府合建）

开工典礼上的大字和大桥示意图

参加开工典礼的中外来宾之中有中英银公司（British & Chinese Corporation）的成员

曾养甫及其夫人冯晓云行揭幕礼

破土动工仪式

参加仪式的来宾(左)和一部分建桥工人(右)

承建桥墩工程的康益洋行机船开始打桩　　钱塘江大桥总工程师罗英　　大桥工程处处长茅以升　　桥墩钻探

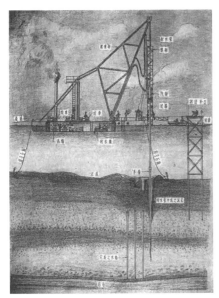

机船打桩示意图

建造桥墩所用的沉箱全部用混凝土浇成，每座重达 600 余吨，完工后用特制的钢吊车将其吊起

南岸引桥第 G 号桥墩使用的围堰

钱塘江中的桥墩采用钢板桩围堰进行施工

高围堰沉箱

工人在沉箱内施工

江岸栈桥和施工中的桥墩

完工后的桥墩

大桥的钢梁经沪杭甬铁路运抵闸口施工现场

装载建筑材料的货车在六和塔下的铁路上由工人卸货

397

沪杭甬铁路（左侧）的末端上停靠着运送建筑材料的列车

装配完成的双层钢梁桥面

浮运钢梁

钢梁

钢梁安装到桥墩上

架设在桥墩上的钢梁,中间两行
纵梁上将铺设铁路

建设跨沪杭甬铁路的北岸引桥

北岸引桥主体完工

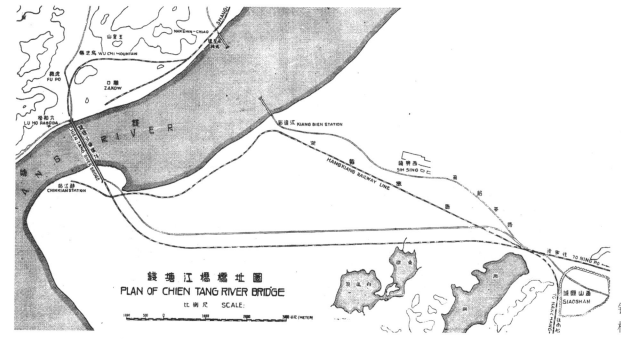

钱塘江桥桥址图
PLAN OF CHIEN TANG RIVER BRIDGE

1936 年 8 月的北岸铁路连接线开山工程

钱塘江大桥与南北两岸的沪
杭甬铁路连接线地图

1936 年 8 月的北岸铁路连接线开山工程　　　　　　　开凿虎跑山

乌芝岭西的北岸连接线路基、桥涵已基本完工　　　北岸连接线开凿乌芝岭　　　下层铁路出入口

北岸引桥的铁路桥下开辟道路以便
行人和车辆来往

铁路桥下建造的旱桥供沪杭甬铁路原末端线路通过

建设中的南岸引桥

建设中的钱塘江大桥

引桥竣工后开始建设大桥的中心部分

1935 年 7 月钱塘江水势暴涨，第 15 号桥墩围堰钢板桩基被江流冲刷下陷倾斜

1937 年 1 月 24 日，运送工人的小轮不慎倾覆，因时值深夜无法及时施救而导致百余人溺水身亡

聚集在停尸处的遇难者家属哭声震天

1937 年春正在赶工中的钱塘江大桥

钢梁架设完成后开始铺设上、下两层桥面

正在施工的北岸公路引桥下已铺设铁路

竣工后的钱塘江大桥与六和塔

通车后的铁路桥面

五、沪杭甬铁路曹娥江桥与萧山至曹娥江段

1914 年建成的曹娥江桥桥墩至 1930 年仍孤立于江中。1934 年，国民政府开始谋划实现沪杭甬铁路的全线通车

财政部部长孔祥熙、铁道部部长张嘉璈代表国民政府签字

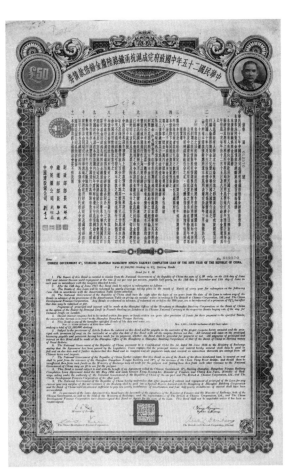

1936 年 5 月 8 日，铁道部、财政部与中英银公司（British & Chinese Corporation）、中国建设银公司签署《完成沪杭甬铁路六厘金镑借款合同》并发行债券

1936 年 10 月曹娥江桥开工，2 号桥墩使用拉森氏钢板桩筑围堰

2 号桥墩围堰内的支撑木

2 号桥墩排水。前方为绍兴方向

4 号桥墩打桩

采用拉森氏钢板桩筑围堰的 4 号桥墩。前方为宁波方向

钢板安插完毕

桥墩沉箱

继续安插钢板

4 号桥墩利用吊机灌注混凝土

1937 年 5 月赶工中的曹娥江桥

1937 年 5 月的曹娥江桥工程进度

1937 年 6 月的曹娥江桥建设进度。当时预计同年双十节建成通车,但未能实现

1936 年 12 月,沪杭甬铁路萧山至曹娥江段第 34 号桥施工前先在河道中筑围堰

因沿线土质松软,工程处不得不进行基桩载重试验,将 9 吨以上的石块堆置在平台上,超过规定负重才认定为安全

萧曹段第 41 号桥试用锅炉打桩

1936 年已建成的路基

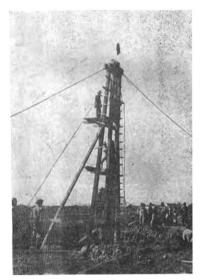

第 49 号桥打桩情形。为加快工程进度与节省经费起见,萧山至曹娥江段 77 座桥梁中大部分采取改挖河道使其与铁路直角相交,在陆地施工以减少防水费

绍兴附近池塘甚多,填土不易,工程困难,最大水塘(248 公里处)长 300 余米,工程处利用轻便铁道的小平车运土填塞

1937 年 1 月 13—16 日,两路局人员视察杭甬段和钱塘江、曹娥江两座大桥

1937 年春即将建成的萧曹段第 27 号桥

利用轻便铁道小平车填土方的施工情形

萧山段的开山工程

1937 年建设中的萧山站站台与人行天桥

建设中的绍兴站人行天桥,后为绍兴站站房

建设中的绍兴站水塔

建设中的东关站站台

萧曹段第 3 号桥桥台灌注水泥、卸除模板后的情形

长灌注混凝土

第 10 号桥施工情形

第 10 号桥翼墙砌筑